少年读经典史籍

少年读尚书

李　楠　主编

民主与建设出版社
·北京·

图书在版编目（CIP）数据

少年读尚书 / 李楠主编 . –– 北京：民主与建设出
版社，2020.7

（少年读经典史籍；5）

ISBN 978-7-5139-3072-7

Ⅰ . ①少… Ⅱ . ①李… Ⅲ . ①中国历史—商周时代—
少年读物②《尚书》—少年读物 Ⅳ . ① K221.04-49

中国版本图书馆 CIP 数据核字（2020）第 102512 号

少年读尚书
SHAONIAN DU SHANGSHU

主　　编	李　楠
责任编辑	刘树民
总 策 划	李建华
封面设计	黄　辉
出版发行	民主与建设出版社有限责任公司
电　　话	（010）59417747　59419778
社　　址	北京市海淀区西三环中路 10 号望海楼 E 座 7 层
邮　　编	100142
印　　刷	三河市燕春印务有限公司
版　　次	2020 年 8 月第 1 版
印　　次	2020 年 8 月第 1 次印刷
开　　本	850mm×1168mm　1/32
印　　张	5 印张
字　　数	128 千字
书　　号	ISBN 978-7-5139-3072-7
定　　价	198.00 元（全六册）

注：如有印、装质量问题，请与出版社联系。

《尚书》是儒家经典之一，又称《书》或《书经》。"尚"即"上"，《尚书》就是上古的书，它是中国上古历史文献和部分追述古代事迹著作的汇编。它是中国汉民族第一部古典散文集和最早的历史文献，以记言为主。

《尚书》相传为孔子编定。孔子晚年集中精力整理古代典籍，将上古时期的尧舜一直到春秋时期的秦穆公时期的各种重要文献资料汇集在一起，经过认真编选，挑选出100篇，这就是《尚书》的由来。相传孔子编成《尚书》后，曾把它用作教育学生的教材。在儒家思想中，《尚书》具有极其重要的地位。

《尚书》是中国第一部上古历史文件和部分追述古代事迹著作的汇编，它保存了商周特别是西周初期的一些重要史料。

就文学而言，《尚书》是中国古代散文已经形成的标志。据《左传》等书记载，在《尚书》之前，有《三坟》《五典》《八索》《九丘》，但这些书都没有传下来，《汉书·艺文志》已不见著录。叙先秦散文当从《尚书》始。书中文章，结构

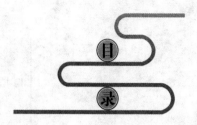

虞 书

尧 典①

　　昔在帝尧,聪明文思②,光宅天下③。将逊于位④,让于虞舜,作《尧典》。

　　曰若稽古⑤,帝尧曰放勋,钦明文思安安⑥,允恭克让⑦,光被四表⑧,格于上下⑨。克明俊德⑩,以亲九族⑪。九族既睦,平章百姓⑫。百姓昭明,协和万邦。黎民于变时雍⑬。

　　乃命羲和⑭,钦若昊天⑮,历象日月星辰⑯,敬授人时。分命羲仲,宅嵎夷⑰,曰旸谷⑱,寅宾出日⑲,平秩东作⑳。日中㉑星鸟㉒,以殷仲春㉓。厥民析㉔,鸟兽孳尾㉕。申命羲叔,宅南交㉖曰明都。平秩南讹㉗,敬致㉘,日永㉙星火㉚。以正仲夏,

1

厥民因^③，鸟兽希革^③。分命和仲，宅西，曰昧谷。寅饯纳日^③，平秩西成^③。宵中^③星虚^③，以殷仲秋。厥民夷^③，鸟兽毛毨^③。申命和叔，宅朔方^③，曰幽都。平在朔易^④。日短^④，星昴^④，以正仲冬，厥民隩^④，鸟兽氄毛^④，帝曰："咨^④！汝羲暨和^④，期三百有六旬有六日^④，以闰月定四时^④，成岁。允厘百工^④，庶绩咸熙^⑤。"

注 释

①本篇是追述帝尧事迹的史书，记述了禅让帝位，公议百官、以东西南北四方与春夏秋冬四时相配等内容。

②文：治理天下。思：虑事果断善谋。

③宅：充满。

④逊：退避。

⑤曰若：发语词，多用于追求往事的开端。稽：考察。

⑥钦：敬事节用。明：明察。安安：温和。

⑦允：诚实。恭：恭谨。克：能够。让：推贤尚善。

⑧被：覆盖。四表：四方极远的地方。

⑨格：到达。

⑩俊：才智高超。

⑪九族：同姓九代。即高祖、曾祖、祖、父、己身、子、孙、曾孙、玄孙。

⑫平：分辨。章：彰明。百姓：百官族姓。

⑬时：善。雍：和。

⑭羲和：羲氏与和氏，传说中世代掌管天地四时之官。

⑮若：遵循。昊：广大。

⑯历：推算。象：取法。

⑰宅：居住。嵎：地名，相传在东海滨。

⑱旸谷：传说中日出之地。

⑲寅：敬。宾：迎。

⑳平秩：辨别测定。作：始。

㉑日中：指春分这一天。这一天昼夜长短相等，所以称为日中。

㉒星鸟：星名。

㉓殷：确定。仲：四季中每季中间一月。

㉔析：分开。

㉕孳尾：生育繁殖。

㉖交：指太阳由北向南转移的地方。

㉗讹：运行。

㉘致：到来。

㉙日永：指夏至这一天。这一天白昼最长，所以称为日永。永：长。

㉚星火：星名。

3

㉛因：就高地而居。

㉜希革：羽毛稀疏。

㉝饯：送行。纳日：日落。

㉞西成：太阳西没的时刻。成：终。

㉟宵中：指秋分这一天，这一天昼夜长短相等，所以称为宵中。

㊱星虚：星名。

㊲夷：平。指回到平地居住。

㊳毨：羽毛再生。

㊴朔方：北方。

㊵在：观察。易：变，这里指运行。

㊶日短：指冬至这一天。这一天白昼最短，所以称为日短。

㊷星昴：星名。

㊸隩：内，指入室内居住以避寒。

㊹氄毛：指生出柔软的细毛。

㊺咨：感叹词。

㊻暨：和，与。

㊼期：一周年。有：同"又"。

㊽闰月：一回归年的时间为三百六五天五时四八分四六秒，农历把一年定为三百五十四天或三百五十五天，所余时间约每三年积累成一个月，加在一年里，以补足天数，避免

春夏秋冬四时错乱。这种办法，在历法上叫做闰月。

㊾允：用。厘：治。百工：百官。

㊿庶：众。熙：兴。

译 文

从前唐尧为帝的时候，天性聪明睿智，治理天下多谋善断，因而他的光辉照耀天下。后来他打算退位，要把帝位禅让给虞舜。史官据此撰写出《尧典》。

考察古代的历史，帝尧名叫放勋，他治理天下政务严谨节用，谋虑明达，仪态文雅温和，诚信恭谨职守，推贤尚善，他的光辉普照四方，达于天地。他能够明扬才智美德，使自己的氏族亲善。当自己的氏族亲善以后，又辨明部落联盟百官的优劣。百官的优劣辨明了，部落联盟的全体成员才能变得和睦相处。

于是命令羲和，敬顺上天的旨意，推算日月星辰运行的规律，制定出历法，并郑重地将时令节气告诉人们。又分别命令羲仲，住在东方的旸谷，恭敬地迎接日出，辨别测定出日出的时刻。以昼夜平分的那天作为春分，以鸟

▲ 帝 尧

星见于南方正中之时作为确定仲春时节的依据。此时，人们分散在田野，鸟兽开始生育繁殖。又命令羲叔，住在太阳由北向南转移的明都之地。辨别测定太阳往南运行的情况，恭敬地迎接太阳的到来。以白天最长的那天作为夏至，以火星见于南方正中之时作为确定仲夏时节的依据。此时，人们居住在高处，鸟兽的羽毛稀疏。又分命和仲，住在西方叫昧谷的地方，恭敬地送别落日，辨别测定太阳西落的时刻。以昼夜长短相等的那天为秋分，以虚星见于南方正中之时作为仲秋时节的依据。这时，人们住在平地上，鸟兽的毛开始重生。又命令和叔，住在北方叫幽都的地方，辨别测定太阳向北运行的情况。以白昼最短的那天为冬至，以昴星见于南方正中之时作为确定仲冬的依据。这时，人们居住在室内取暖，鸟兽长出了丰盛的细毛。尧帝说："唉！羲与和啊，每一周年是三百六十六天，要加置闰月确定四季而成为一岁。据此来规定百官的事务，众多的事务因此就兴办起来了。"

原　文

帝曰："畴咨若时登庸①？"

放齐曰②："胤子朱启明③。"

帝曰："嚣！讼可乎④？"

帝曰："畴咨若予采⑤？"

欢兜曰⑥："都⑦！共工方鸠僝功⑧。"

帝曰："吁！静言庸违⑨，象恭滔天⑩。"

帝曰："咨！四岳⑪，汤汤洪水方割⑫，荡荡怀山襄陵⑬，浩浩滔天⑭，下民其咨，有能俾乂⑮？"

佥曰⑯："於⑰，鲧哉⑱。"

帝曰："吁，咈哉⑲，方命圮族⑳。"

岳曰："异哉！试可乃已㉑。"

帝曰："往，钦哉㉒！"九载，绩用弗成。

帝曰："咨！四岳，朕在位七十载㉓，汝能庸命，巽朕位㉔？"

岳曰："否德忝帝位㉕。"

曰："明明扬侧陋㉖。"

师锡帝曰㉗："有鳏在下㉘，曰虞舜。"

帝曰："俞㉙！予闻，如何？"

岳曰："瞽子㉚，父顽，母嚣，象傲㉛，克谐，以孝㉜。烝烝乂，不格奸。"

帝曰："我其试哉！"女于时㉝，观厥刑于二女㉞。厘降二女于妫汭㉟，嫔于虞㊱。

帝曰："钦哉！"

注释

①畴：谁。若：顺应。登：升。庸：用。

②放齐：人名，尧帝的臣。

③胤：后代。朱：指尧帝的儿子丹朱。启明：明达。

④嚚：言语虚妄。讼：争辩。

⑤采：事。

⑥欢兜：人名，尧帝的臣，相传他与共狼狈为奸，为四凶之一。

⑦都：语气词，表赞美。

⑧共工：人名，尧帝的臣。相传为四凶之一。方：同"旁"，广泛。鸠：同"纠"，聚集。僝：显现。

⑨静言：巧言。

⑩滔天：对上天轻慢上敬。滔，轻慢。

⑪四岳：四方诸侯。

⑫汤汤：水流动的样子。割：害。

⑬荡荡：水势大的样子。怀：包。襄：上。

⑭滔天：这里是巨浪冲天的意思。

⑮俾：使义。乂：治理。

⑯佥：都。

⑰於：语气词，表赞美。

⑱鲧：人名，尧帝的臣，夏禹之父。

⑲咈：违背。

⑳方命：放弃教命。方，同"放"。圮：毁坏。族：族类。

㉑试可乃已：试用一下，不行就算了。

㉒钦：敬。

㉓朕：我。

㉔巽：履行。

㉕否：鄙陋。忝：辱没，不配。

㉖扬：推举。侧陋：指地位卑微的人。

㉗师：众。锡："赐"，意为赐言，即提议。古时下对上亦可言赐。

㉘鳏：困苦。

㉙俞：副词，表示应对中的肯定意味。

㉚瞽：指舜的父亲乐官瞽。瞽：瞎子。

㉛象：指舜之弟象。

㉜蒸蒸：厚美。

㉝女：动词，嫁女。时：同"是"，指代舜。

㉞刑：这里是德行的意思。二女：相传尧有两个儿女，一名娥皇，一叫女英。

㉟厘：命令。妫：水名。汭：河弯。

㊱嫔：嫁人为妇。

译文

帝尧说："啊！谁能顺应天时而提升任用呢？"放齐说："您的儿子丹朱开明通达事理。"帝尧说："唉！他言语虚妄，又好争辩，可以吗？"

帝尧说："啊！谁能为我处理好政事呢？"欢兜说："哦！共工已广积了显见的功绩。"帝尧说："哼！这个人话说得漂亮，作起来就相违背，表面上恭恭敬敬，内心里却连上天都怠慢不敬。"

帝尧说："唉！四方的首领们，汹涌的洪水到处为害，大水包围了高山，淹没了丘陵，浩浩荡荡弥漫天际。天下民众都在哀叹，有谁能使洪水得到治理呢？"众人都说："啊！鲧可以呀。"帝尧说："哼！这个人违背天意，不服从命令，危害族人。"四方首领回答说："情况和你说的不一样吧！先试试看，如果可以就任用。"帝尧（对鲧）说："前去赴任吧，要谨慎啊！"过了九年，鲧没有取得什么成绩。

尧说："唉！四方诸侯之长啊！我在位七十年，你们谁能顺应天命代我行天子之位呢？"四方诸侯之长说："我们没有那德才登上帝王之位。"尧说："要查明王室周围及地位虽低贱实际却有贤才的人！"大家告诉尧说："在民间有个处境困苦的人，名叫虞舜。"尧说："是呀！我也听说过这个人，他的德行怎么样呢？"四方诸侯之长说："他是乐官瞽瞍的儿子，其父心术不正，母善于说谎，弟名象，十分傲慢。而舜和他们却能和睦相处，以自己孝行美德感化他们，家务处理得十分妥善。家人也都改恶从善，使自己的行为不至流于奸邪。"尧说："让我考验考验他吧！"于是决定把两个女儿嫁给舜，通过女儿考查他的德行。尧命令在妫河的

隈曲处举行婚礼，两个女儿做了虞舜的妻子。尧说："你要
严肃恭谨地处理政务啊！"

舜　典①

虞舜侧微②，尧闻之聪明，将使嗣位③，历试诸难，作《舜
典》。曰若稽古帝舜，曰重华，协于帝④。浚哲文明⑤，温
恭允塞⑥。玄德升闻⑦，乃命以位，慎徽五典⑧，五典克从⑨。
纳于百揆⑩，百揆时叙⑪。宾于四门⑫，四门穆穆⑬。纳于
大麓⑭，烈风雷雨弗迷⑮。

帝曰："格⑯！汝舜。询事考言⑰，乃言底可绩⑱，三载。
汝陟帝位⑲。"舜让于德⑳，弗嗣。

正月上日㉑，受终于文祖㉒。在璇玑玉衡㉓，以齐七政㉔。
肆类于上帝㉕，禋于六宗㉖，望于山川㉗，遍于群神。辑五
瑞㉘，既月乃日㉙，觐四岳群牧㉚，班瑞于群后㉛。

岁二月，东巡守，至于岱宗㉜，柴㉝。望秩于山川㉞，肆
觐东后。协时月正日㉟，同律度量衡㊱。修五礼、五玉、三帛、
二生、一死贽㊲，如五器㊳，卒乃复㊴。五月，南巡守，至于南岳，
如岱礼。八月，西巡守，至于西岳，如初。十有一月朔巡

守㊵，至于北岳，如西礼。归，格于艺祖㊶，用特㊷。

注释

①本篇记述了舜即帝位前能够经受住各种考验，即位后勤政任贤，为民事鞠躬尽瘁的事迹。

②侧微：隐居民间。出身微贱。

③融：继承。

④协：协和一致。

⑤浚：深。哲：智慧。

⑥允：确定。塞：充满。

⑦玄德：潜蓄不显于外的品德。

⑧徽：美，善。

⑨五典：指五常之父，即教义、母慈、兄友、弟恭、子孝。

⑩纳：赐予职权。百揆：百官事务。

⑪时叙：承顺。

⑫宾：迎接宾客。

⑬穆穆：和睦。

⑭大麓：官名，看守山林的官吏。

⑮迷：迷误。

⑯格：呼语，来。

⑰询：谋划。

⑱底：一定。

⑲陟：登上。

⑳德：指有德之人。

㉑上日日：吉日。

㉒终：指尧因年迈而禅让的帝位。文祖：尧的太庙。

㉓在：观察。璇玑玉衡：北斗七星。璇玑为魁，玉衡为杓。

㉔齐：排列。政：七项政事。即祭祀、班瑞、东巡、南巡、西巡、北巡、归格艺祖。

㉕肆：于是。类：祭祀名，是向天报告继承帝位之事的祭礼。

㉖祭礼名。六宗：指天地与四季。"万物非天不覆，非地不载，非春不生，非夏不长，非秋不收，非冬不藏"，故称天地合四季为六宗。

㉗望：祭祀山川之礼为望。

㉘辑：聚集。五瑞：诸侯作为信符的五种玉器。分五等：公，桓圭；侯，信圭；伯，躬圭；子，谷璧；男，蒲璧。

㉙既月乃日：选了吉月，又择吉日，月、日在这里均为动词。

㉚觐：朝见天子为觐。牧：官长。

㉛班：同"颁"。后：诸侯国国君。

㉜岱宗：东岳泰山。

㉝柴：祭祀名，其法为积柴加牲其上而烤之。

㉞秩：次序。

㉟协：确定。时：四季。正：确定。

㊱同：统。律：古乐音律。度：丈尺。量：半斛。衡：斤两。

㊲五礼：公侯伯子男五等礼节。五玉：即上文的五瑞。三帛：供垫玉用的赤、黑、白三种颜色的丝织品。二生：活羊羔和雁，生，即"牲。"一死，一只死野鸡。贽：贽礼，即朝见时的贡品。

㊳如：而。五器：即上文的五玉。

㊳卒：指礼毕。复：归还。

㊵朔：北方。

㊶格：列。艺祖：即上文的文祖。

㊷特：公牛。

译 文

虞舜出身卑贱，隐居民间，尧帝听说他聪明，打算让他继承自己的帝位，好几次用难办的事考验他，史官根据这些情况写作了《舜典》。

查考往事。舜帝名叫重华，与尧帝合志。他有深远的智慧，而又文明、温恭、诚实。他的潜德上传

▲ 虞 舜

被朝廷知道后，尧帝于是授给了官位。

舜慎重地赞美父义、母慈、兄友、弟恭、子孝五种常法，人们都能顺从。舜总理百官，百官都能承顺。舜在明堂四门迎接四方宾客，四方宾客都肃然起敬。舜担任守山林的官，在暴风雷雨的恶劣天气也不迷误。

尧帝说："来吧！舜啊。我同你谋划政事，又考察你的言论，你提的建议用了可以成功，已经三年了，你登上帝位吧！"舜要让给有德的人，不肯继承。

正月初一，舜在尧的太祖庙接受尧的禅让。他观察了北斗七星，列出了七项政事。于是类祭上帝，洁祭天地四时，望祭山川和群神。他又聚敛了诸侯的五种用作凭借的瑞玉，选定月日，让四岳和各诸侯君主来朝见，然后把用作凭信的瑞玉分发给各位君主。

这年二月，舜到东方巡视，到达泰山，举行了柴祭。又按尊卑依次望祭山川，然后接受东方诸侯国君主的朝见。协调四季的月份，确定天数，统一音律和度量衡。修正公、侯、伯、子、男朝见天子的五等礼节，以五种瑞玉、三种不同颜色的丝绸、活的羔羊和雁、死的野雉作为觐见时携带的礼品。而那收回来的五种瑞玉在礼节完毕后赐还给诸侯国君主。五月，舜向南方巡视，到达南岳。所举行的礼节如同巡视泰山之礼。八月，舜向西方巡视，到达西岳，所举行的礼节如同当初巡视泰山之礼。十一月，舜到北方巡视，到达北岳，所举行的礼节如同巡视西岳之礼。回来后，到尧的太祖庙祭祀，用一头公牛作祭品。

原文

五载一巡守，群后四朝^①，敷奏以言^②，明试以功，车服以庸^③。

肇十有二州^④，封十月二山^⑤，浚川^⑥。

象以典刑^⑦，流宥五刑^⑧，鞭作官刑，扑作教刑^⑨，金作赎刑。眚灾肆赦^⑩，怙终贼刑^⑪。钦哉，钦哉，惟刑之恤哉^⑫。

流共工于幽州，放欢兜于崇山，窜三苗于三危^⑬，殛鲧于羽山^⑭，四罪而天下咸服。

二十有八载，帝乃殂落^⑮，百姓如丧考妣^⑯。三载，四海遏密八音^⑰。月正元日，舜格于文祖，询于四岳^⑱，辟四门，明四目，达四聪。

"咨，十有二牧^⑲！"曰："食哉惟时！柔远能迩^⑳，德允元^㉑，而难任人^㉒，蛮夷率服^㉓"。

舜曰："咨四岳，有能奋庸，熙帝之载^㉔，使宅百揆亮采^㉕，惠畴^㉖？"

佥^㉗曰："伯禹作司空^㉘。"

帝曰："俞，咨！禹，汝平水土，惟时懋哉^㉙！"禹拜稽首^㉚，让于稷契暨皋陶。

帝曰："俞，汝往哉！"

帝曰："弃，黎民阻饥[31]，汝后稷[32]，播时百谷[33]。"

帝曰："契，百姓不亲，五品不逊[34]，汝作司徒[35]，敬敷五教[36]，在宽。"

帝曰："皋陶，蛮夷猾夏[37]，寇贼奸宄[38]。汝作士[39]，五刑有服。[40]五服三就[41]，五流有宅[42]，五宅三居[43]。惟明克允！"

帝曰："畴若予工[44]？"

佥曰："垂哉[45]！"

帝曰："俞，咨！垂，汝共工[46]。"垂拜稽首，让于殳斨暨伯与[47]。"

帝曰："俞，往哉！汝谐[48]。"

帝曰："畴若予上下草木鸟兽[49]。"

佥曰："益哉[50]。"

帝曰："俞，咨！益，汝作朕虞[51]。"益拜稽首，让于朱，虎，熊，罴。[52]"

帝曰："俞，往哉！汝谐。"

帝曰："咨！四岳，有能典朕三礼[53]。"

佥曰："伯夷[54]。"

帝曰："俞，咨！伯，汝作秩宗[55]，夙夜惟寅[56]，直哉惟清[57]。"

注释

①四朝：在四岳朝见。

②敷奏：报告。

③庸：功劳。

④肇：开始。

⑤封：封土为坛。

⑥浚：疏通。

⑦象：刻、画。典刑：常用的刑罚。典：常。这句话的意思是把常用的刑罚刻画在器物上，以示警诫。

⑧流：流放。宥：宽恕。五刑：指墨、劓刖宫。大辟五种刑罚。

⑨扑：古代学校用来打人的木棍。

⑩眚：过失。

⑪怙：坚持。贼："则"的假借字。

⑫恤：谨慎。

⑬窜：逐。三苗：古国名。三危：古地名。

⑭殛：流放。羽山：古地名。

⑮殂落：死亡。

⑯考：死去的父亲。妣：死去的母亲。

⑰遏：断绝。密：寂静。八音：金、石、丝、竹、匏、土、革、木，这里泛指一切音乐演奏。

⑱询：商议，谋划。

⑲牧：长官。

⑳柔：安抚。能：善。迩：近。

㉑惇：厚。允：诚信。元：善。

㉒难：疏远。任人：奸邪之人。任：佞。

㉓率：都。

㉔熙：光大。载：事。

㉕惠：助词，无义。畴：谁。

㉖佥：都。

㉗司空：官名，三公之一，掌管土地。

㉘时：是，这，指上文所说的官职。懋：勉力。

㉙稽首：叩头。

㉚暨：和，与。

㉛黎：众。阻：困。

㉜后：君长，这里是主持的意思。稷：官名，主管农业。

㉝时：同时，栽种。

㉞五品：父、母、兄、弟、子。逊：和顺。

㉟司徒：官名，三公之一，主管教化。

㊱敷：施行。五教：即五品之教。

㊲猾：扰乱。夏：中国。

㊳寇：抢劫。贼：杀人。奸：外部的贼寇。宄：内部的奸佞。

㊴士：狱官之长。

㊵服：用。

㊶三：指三个远近不同的地方，即野、市、朝。

㊷五流：五种流刑。宅：处所。

㊸三居：远近各异的三个地方。

㊹若：善。工：掌管百工之官。

㊺垂：人名。

㊻共工：官名。

㊼殳斨：人名。伯与：人名。

㊽谐：同偕。一同去。

㊾上下：指山陵和草泽。

㊿益：人名。

(51)虞：管理山林之官。

(52)朱虎：熊罴均为人名。

(53)典：主持。三礼：天事，地事，人事之礼。

(54)伯夷：人名。

(55)秩宗：官名。掌管祭祀礼义之官。

(56)夙：早晨。寅：恭敬。

(57)直：正直。清：清明。

译文

以后，每五年巡视一次，诸侯按所在方位分别在四岳朝见。舜令诸侯逐一述职，陈奏治国见解，有良策则明试其功效，有功劳则以车马、衣服作奖赏。

舜开始将天下划分为十二个州，在十二州的名山上封土为坛举行祭祀，又疏通江河水道。

舜又将常规刑罚刻画在器物上。用流放迁逐的办法宽恕犯有五刑的罪人，用鞭打作为官吏治理民事时使用的刑罚，用戒尺和刑杖扑责作为惩罚违反教训者使用的刑罚，用罚金作用赎罪的刑罚。偶因过失而造成祸害就赦免他，有所依仗而终不悔改就施以刑罚。谨慎啊，谨慎啊，用刑一定要谨慎。

舜将共工流放到幽州，把欢兜放逐到崇山，把三苗驱逐到三危，把鲧拘禁在羽山。这四个人受到惩处，天下人都心悦诚服。

舜继承帝位二十八年后，尧帝逝世了。人们好像死了父母一样悲痛，三年间，全国上下一片寂静，断绝了乐音。三年后正月的一个吉日，舜到了尧的太庙，与四方诸侯君长谋划政事，打开明堂四门宣布政教，使四方见得明白真切，听得清楚全面。

"啊，十二州的君长！"舜帝说，"生产民食，必须不违农时！安抚远方的臣民，爱护近处的臣民，亲厚有德的人，信任善良的人，拒绝邪佞的人，能够这样，边远的外族都会服从你们。"

舜帝说："啊！四方诸侯的君长！有谁能奋发努力、发扬光大尧帝的事业，身居百揆之官辅佐政事呢？"

都说："伯禹可以作司空。"

舜帝说："好啊！禹，你曾经平定水土，现在你要奋勉啊！"禹跪拜叩头，让给稷、契和皋陶。

舜帝说："好啦，还是你去吧！"

舜帝说："弃，人们忍饥挨饿，你主持农业，教人们播种各种谷物吧！"

舜帝说："契，百姓不亲，父母兄弟子女都不和顺。你作司徒吧，谨慎地施行五常教育，要注意宽厚。"

舜帝说："皋陶，外族侵扰我们中国，抢劫杀人，造成外患内乱。你作狱官之长吧，五刑各有使用的方法，五种用法分别在野外、市、朝三处执行。五种流放有各自的处所，分别流放到三个远近不同的地方。要明察案情，处理公允！"

帝舜说："谁能担当好主管我们百工的官职？"众人都说："垂啊！"帝舜说："好吧，垂啊！你去作主管百工的官吧。"垂跪拜叩头，谦让给殳斨和伯与。帝舜说："好了，去吧，你适合担当此任。"

帝舜说："谁适合担当主管我们山林草泽鸟兽的官职呢？"众人都说："益呀！"帝舜说："好吧，益呀！你去作我的虞官吧。"益跪拜叩首，要求让位给朱虎和熊罴。帝舜说："好了，去吧！你适合担当此任。"

帝舜说："啊！四方的首领们，有谁能为我主持祭祀天、地、宗庙的三礼呀？"众人都说："伯夷！"帝舜说："好吧，伯夷呀！你去作秩宗之官。从清晨到深夜都要谨慎恭敬，正直而又清明。"

原　文

伯拜稽首，让于夔龙①。

帝曰："俞，往，钦哉！"

帝曰："夔！命汝典乐②，教胄子③，直而温，宽而栗④，刚而无虐⑤，简而无傲。诗言志，歌永言⑥，声依永，律和声。八音克谐，无相夺伦⑦，神人以和。"

夔曰："於⑧！予击石拊石⑨，百兽率舞。"

帝曰："龙，朕即诮说殄行⑩，震惊朕师⑪。命汝作纳言⑫，夙夜出纳朕命，惟允！"

帝曰："咨！汝二十有二人，钦哉！惟时亮天功⑬。"

三载考绩，三考，黜陟幽明⑭，庶绩咸熙⑮，分北三苗⑯。

舜生三十征庸[17]，三十在位五十载，陟方乃死[18]。

注 释

①夔龙：人名。

②乐：官名，掌管音乐之官。

③胄子：稚子。

④栗：战栗，这里是谨慎的意思。

⑤无：不要。

⑥永：同"咏"。

⑦夺：失去。伦：次序。

⑧於：感叹词。

⑨拊：轻轻敲击。石：乐器，即磬。

⑩即：厌恶。珍：贪婪。

⑪师：民众。

⑫纳言：官名，帝王的代言人。

⑬天功：天下大事。

⑭黜：罢免。陟：提升。

⑮熙：兴盛。

⑯分北：分别。北同"背"，别。

⑰征庸：被征召、任用。

⑱陟方：这里指南巡衡山。方，方岳，即四岳。四岳乃

四方之岳，故称方岳。相传舜时衡山一带的有苗作乱，舜南
征有苗，死于苍梧之野。

伯夷跪拜叩首，谦让给夔与龙。帝舜说："好吧，去吧，
要谨慎啊！"

帝舜说："夔！命你去主管音乐，教导贵族的长子，使
他们正直而温和，宽厚而庄重，刚毅而不暴虐，简约而不傲
慢。诗是表达志向的，歌是咏唱语言的，五声与咏唱相依，
六律与五声相和。八类乐器声音能相和谐，而不要乱了次序，
神与人都会因此和谐了。"夔说："啊！我敲击石制乐器，
扮演百兽的舞队都随着跳起舞来。"

帝舜说："龙，我憎恶谗言恶行，因为它使我的民众惊恐。
命你作纳言之官，日夜宣示我的命令传达下面的意见，要诚
信不伪。"

帝舜说："啊！你们二十二人，要谨慎啊！要时时想着
上天的旨意，帮助成就功业。"帝舜三年考核一次政绩，经
过三次考核，罢黜昏庸的提升贤明的，各项事业都兴旺发达
起来。对三苗一一鉴别，作了不同安置。

舜三十岁被征召任用，考察试用三十年，居帝位五十年，
在巡守南方时死去。

大禹谟①

皋陶矢厥谟②，禹成厥功③，帝舜申之④。作《大禹谟》、《皋陶谟》、《益稷》。

曰若稽古。大禹曰："文命敷于四海⑤，祗承于帝⑥。"曰："后克艰厥后⑦，臣克艰厥臣，政乃义⑧，黎民敏德⑨。"

帝曰："俞！允若兹⑩，嘉言罔攸伏⑪，野无遗贤，万邦咸宁。稽于众，舍己从人，不虐无告⑫，不废困穷，惟帝时克。"

益曰："都，帝德广运⑬，乃圣乃神⑭，乃武乃文⑮。皇天眷命⑯，奄有四海为天下君⑰。"

禹曰："惠迪吉⑱，从逆凶，惟影响⑲。"

益曰："吁！戒哉！儆戒无虞⑳，罔失法度，罔游于逸㉑，罔淫于乐㉒。任贤勿贰，去邪勿疑。疑谋勿成㉓，百志惟熙㉔。罔违道以干百姓之誉㉕，罔咈百姓以从己之欲。㉖无怠无荒，四夷来王㉗。"

注 释

①本篇是舜帝和大臣禹以及益，皋陶讨论政务的记录。

记述了尧帝的功绩和禹、益、皋陶的治国见解。

②矢：陈述。谟：谋画。

③成：陈述。

④申：重视。

⑤文命：文德之教。敷：遍布。

⑥祗：恭敬。

⑦后：君王。艰，以……为艰。

⑧治理。

⑨敏：勤勉。

⑩兹：这。

⑪罔：无，不要。攸：所。

⑫无告：无处求告的人，指鳏寡孤独者。

⑬广：大。运：远。

⑭乃：语助词。圣：圣明。神：神妙。

⑮武：能平定祸乱。文：能经天纬地。

⑯眷：念。

⑰奄：覆，盖。

⑱惠：顺。迪：道理。

⑲影响：影随形，响应声，意思是君王要顺应天道，把当好君王视为难事。

⑳微：戒备。虞：预料。

㉑逸：放纵。

㉒淫：过分。

㉓成：实现。

㉔熙：广。

㉕干：求。

㉖咈：违反。

㉗王：使……为王。

译 文

　　皋陶陈述了自己的谋略，禹陈述了自己的功业，舜帝对他们的言论很重视。史官记录下他们之间的对话，撰写出《大禹谟》、《皋陶谟》和《益稷》。

▲皋　陶

　　查考古时传说，知道那时舜帝跟大臣禹和皋陶有过一番对话。大禹说："将文德之教播扬于天下，是恭承尧舜二帝的风范。"又说："如果君王能把做好君王视为畏途，臣子能把做好臣子看得十分艰难，那么国事就会治理好，臣民也都会勉力恭行德教了。"

舜帝说："是啊！如果真是这样，那么那些良善的言论就不会被埋没，贤德的俊才就不会被遗弃在民间，万国也都会太平无事了。参考众人的言论，抛弃自己的错误想法，采纳别人的正确意见，不虐待孤苦无依的人，不嫌弃困窘贫穷的人，这些，只有尧帝才能做得到。"

益说："啊！尧帝的德行气象广大而影响深远，多么圣明，多么神妙，施于武功能够平定祸乱，行于文治能够治国安邦。尧帝时时顾念上天之命，深知不可违误，便勤勉理政，终于拥有四海，而成为主宰天下的君王。"

禹说："遵从善道就会获得吉祥，依顺恶道就会招致凶险，吉与凶、善与恶之间，就如同影子之于形体，回音之于声响一样，彼此有一种因果关系。"

益说："嘘！要多加警戒啊！要防备预料不到的事情，不要违反法度，不要纵情游玩，不要过分享乐。任用贤良不要三心二意，除去奸邪不要犹豫不决。把握不准的主意，不要去实行。考虑问题的时候，思路应当开阔。不要违背正道去谋求百姓的赞誉，不要违背百姓的意愿去满足自己的欲望。只要坚持正道，不怠惰，不荒疏，四方的异族就会前来归附，尊你为王。"

原　文

禹曰："於！帝念哉！德惟善政，政在善民。水、火、金、木、土、谷惟修，正德，利用、厚生惟和①，九功惟叙②，九叙惟歌③。戒之用休④，董之用威⑤，劝之以九歌，俾勿坏⑥。"

帝曰："俞！地平天成⑦，六府三事允治，万世永赖⑧，时乃功⑨。"

帝曰："格⑩，汝禹！朕宅帝位三十有三载，耄期倦于勤⑪。汝惟不怠，总朕师⑫。"

禹曰："朕德罔克，民不依。皋陶迈种德⑬，德乃降⑭，黎民怀之⑮。帝念哉！念兹在兹⑯，释兹在兹，名言兹在兹⑰，允出兹在兹⑱，惟帝念功。"

帝曰："皋陶，惟兹臣庶，罔或干予正⑲。汝作士⑳，明于五刑，以刑五教㉑。期于予治㉒，刑期于无刑，民协于中㉓，时乃功，懋哉㉔。"

皋陶曰："帝德罔愆㉕，临下以简，御众以宽㉖。罚弗及嗣㉗，赏延于世㉘。宥过无大㉙，刑故无小。罪疑惟轻，功疑惟重。与其杀不辜，宁失不经㉚。好生之德㉛，洽于民心㉜，兹用不犯于有司㉝。"

帝曰："俾予从欲以治，四方风动㉞，惟乃之休。"

帝曰："来，禹！降水儆予，成允成功㉟，惟汝贤。克勤于邦，克俭于家，不自满假㊱，惟汝贤。汝惟不矜㊲，天下莫与汝争能。汝惟不伐㊳，天下莫与汝争功。予懋乃德，嘉乃丕绩㊴，天之历数在汝躬㊵，汝终陟元后。人心惟危，道心惟微㊶，惟精惟一，允执厥中。无稽之言勿听，弗询之谋勿庸。可爱非君？可畏非民？众非元后㊷何戴㊸？后非众罔与守邦。钦哉！慎乃有位㊹，敬修其可愿㊺，四海困穷，天禄永终㊻。惟口出好㊼兴戎，朕言不再。"

![注释]

①正德：使德行正当。正，使……正。德，指父慈，子孝，兄友，弟恭，夫义，妇顺。利用：兴利除弊，提供物用。厚生：使人民丰衣足食。

②九功：上文的水、火、金、木、土、谷，即下文所称的六府，正德、利用、厚生，即下文所称的三事，合六府三事，总称九功。叙：安排。

③歌：颂扬。

④休：美德。

⑤董：监督，管理。

⑥俾：使。

⑦天：指自然界的万物。

⑧赖：利。

虞书

31

⑨时：代词，同"是"，即这。乃：你的。

⑩格：呼语，来。

⑪耄：年迈。八九十岁年纪称耄。期：年迈。百岁称期颐。

⑫总：领，统师。

⑬迈：健行。种：分布。

⑭降：遍及。

⑮怀：归附。

⑯兹：这。前者指代德，后者指代皋陶其人。

⑰名言：称言使之扬名，即称颂。

⑱出：行。

⑲或：有人。干：冒犯。正：同"政"。

⑳士：官名。

㉑刑：辅佐。五教：即君、父子、夫妇、长幼、朋友五品之教。

㉒期于予治：希望助我治理政事。

㉓中：中正。

㉔懋：鼓励。

㉕愆：过失。

㉖御：驾驭。

㉗嗣：子孙。

㉘延：延续，世：后世。

㉙宥：宽恕。过：过错，不知而犯的过错为过，下文的"故"则是明知故犯的过错。无大：不论多大。

㉚不经：不守正道之罪过。

㉛好：爱惜。生：生灵。

㉜洽：和谐，欢洽。

㉝有司：官府。

㉞风动：风吹草动，比喻纷纷响应。

㉟成允：说到做到。允：信实。

㊱自满假：即自满自假，假：浮夸。

㊲矜：夸耀。

㊳伐：夸耀。

㊴丕：大。

㊵历数：即气数。躬：自身。

㊶道心：合乎道义之心。

㊷非：除非。

㊸戴：拥戴。

㊹慎乃有位：慎守你的职责。

㊺可愿：所愿。

㊻终：止。

㊼好：这里指善言。戎：战争。

禹说："啊！舜帝，请你仔细思量思量益所说的这番话吧！所谓有德，就是能够妥善处理政事，而政事的根本则在于养活和教育百姓。水、火、金、木、土、谷这六件事固然应该治理，而端正人们的德行，为人们的物用提供便利，使人们的生活富足起来，这三件事也要同时办好。以上这九件事一定要办好；而一旦这九件事办好了，人民就会颂扬君王的德政。要用美好的德政劝诫众人，用严峻的刑罚督察众人，用九歌勉励众人，以确保君王的德政不致被败坏。"

舜帝说："你的意见非常正确！水土得到平治，万物顺利成长，六府三事都真正得到治理，使天下千秋万世永享其利，这都是你的功劳。"

帝舜说："往前来，禹！我居帝位三十三年了，我已是近百岁的人了，由于勤劳治事，感到十分疲倦，你没有懈怠，总领我的民众吧。"

大禹说："我的德行还不能胜任，民众也不会依附。皋陶勇往力行，广施德行，德行普及到黎民百姓，民众怀念他。君主您应当考虑这些！考虑到德行为皋陶所具备，对德自心喜悦的是皋陶，对德诚服发自内心的也是皋陶。君主，你要考虑皋陶的功绩呀！"

帝舜说："皋陶！这些臣民，没有违犯我的政事，你作为主管刑狱的士官，明白用五刑来辅助五教，合于我的统治。施用五刑的目的是为了不用五刑，这样民众都能服从于中道。这是你的功绩，值得勉励呀！"

皋陶说："帝舜，您的德行是没有过失的。对待臣下简约，控制民众宽容，惩罚不连带子孙，奖赏延续至后代。如果是过失犯罪，无论多大，都可以得到宽恕；如果是故意犯罪，无论多小，都要施用刑罚。罪行处罚轻重无法确定时，就从轻处理；功绩奖赏轻重无法确定时，就从重赏赐。与其误杀无罪的人，宁可放过不遵守常法的人。这种爱惜民众生命的德行，和谐民心。因此，民众不会触犯刑法。"

帝舜说："使我能够如愿地治理天下，四方百姓风起响应，这是你的美德。"

舜帝说："来吧，禹啊！洪水警告我们，你言行一致，完成了治水大业，这是你的贤能。能为国家大事不辞辛劳，居家生活俭朴，不自满、不浮夸，也是你的贤能。你不夸耀自己的才能，因此，天下的人没有谁与你争能；你不夸耀自己的功绩，因此，天下的人没有谁与你争功。我认为你有大德，赞美你的大功，帝王相继的次序应在你身上，你终当登上大君之位。现在人心动荡不安，道心幽昧难明，只有精诚专一，实实在在地实行中正之道。没有经过验证的话不轻信，没有征询过众人意见的谋略不轻用。百姓所爱戴的不是君王吗？君王所畏惧的不是百姓吗？百姓没有君王，还拥戴什么人？君王没有百姓，就没有谁来保卫国家。君王同百姓的关系这样密切，你要谨慎啊！谨慎行使你的职守，恭敬地施行你希望做的事，如果天下的百姓困苦贫穷，你的禄位就会永远终结。至于口能赞扬善良言行，也能引起兵争，您很清楚，我就不再重复了。"

原　文

禹曰："枚卜功臣①，惟吉之从。"

帝曰："禹！官占惟先蔽志②，昆命于元龟③。朕志先定，询谋佥同。鬼神其依，龟筮协从④，卜不习吉⑤。"

禹拜稽首固辞。

帝曰："毋，惟汝谐⑥。"

正月朔旦⑦，受命于神宗⑧，率百官若帝之初。

帝曰："咨，禹！惟时有苗弗率⑨，汝徂征⑩。"

禹乃会群会，誓于师曰："济济有众，咸听朕命。蠢兹有苗⑪，昏迷不恭，侮慢自贤，反道败德，君子在野，小人在位，民弃不保，天降之咎⑫，肆予以尔众士，奉辞罚罪⑬。尔尚一乃心力⑭，其克有勋。"

三旬，苗民逆命⑮。益赞于禹曰⑯："惟德动天，无远弗届⑰，满招损，谦受益，时乃天道。帝初于历山⑱，往于田，日号泣于旻天⑲。于父母，负罪引慝⑳，祗载见瞽叟㉑，夔夔斋栗㉒，瞽亦允若。至诚感神㉓，矧兹有苗㉔。"

禹拜昌言曰㉕："俞！"班师振旅。帝乃诞敷文德㉖，舞干羽于两阶㉗，七旬有苗格㉘。

注 释

①枚卜：占卜。古代用占卜选官，吉者入选。

②蔽：断定。

③昆：然后。元龟：大龟。

④龟筮：即龟甲和蓍草。二者均为古人占卜的工具。

⑤习：重复。

⑥谐：适合。

⑦朔：农历每月初一。

⑧神宗：尧的宗庙。神字在这里表示尊敬。

⑨有苗：一古代部族，又称三苗。有，名词词头，无义。
率：遵。

⑩徂：往。

⑪蠢：骚动不安的样子。

⑫咎：灾。

⑬辞：指上文舜所说的"惟时有苗弗率，汝徂征。"

⑭一：动词，统一。

⑮逆：违。

⑯赞：辅佐。

⑰届：到。

⑱帝初于历山：指舜当初曾在历山种田。

⑲天：天空。

⑳负罪：自己承担罪名。引：招来。慝：指邪恶的名声。

㉑载：侍奉。瞽瞍：即瞽瞍，舜的父亲。

㉒夔夔：敬惧的样子。斋栗：庄敬的样子。

㉓诚：诚信。

㉔矧：何况。

㉕拜：拜而接受。昌言：美言。

㉖诞：广。

㉗干：盾。羽：羽毛舞具，即翳。

㉘格：本义为到，这里是归顺的意思。

译 文

禹说："还是逐一占卜功臣，让吉祥的人接受您的帝位吧！"

舜帝说："禹啊！官占的方法要先断定志向，然后才命令大龟显示吉凶。我把帝位授予你的志向已先定了，询问众人的意见时，都和我相同，鬼神依从，龟卜占筮的结果也协同一致，况且，占卜也不须吉凶重复出现啊。"禹跪拜叩头，再三推辞。

舜帝说："不必推辞了吧！只有你适合继承帝位。"

正月初一清晨，禹在尧帝的宗庙接受了帝位，率领百官就像当初舜帝继承尧的帝位那样完成了禅让的礼仪。

舜帝说："嗟，禹！这些苗民不依教命，你前去征讨他们！"

禹于是会合诸侯，告诫众人说："众位军士，都听从我的命令！蠢动的苗民，昏迷不敬。侮慢常法，妄自尊大，违反正道，败坏常德。贤人在野，小人在位。人民抛弃他们不予保护，上天也降罪于他。所以我率领你们众士，奉行帝舜的命令，讨伐苗民之罪。你们应当同心同力，就能有功。"

经过三十天，苗民还是不服。伯益会见了禹，说："施德可以感动上天，远人没有不来的。盈满招损，谦虚受益，这是自然规律。舜帝先前到历山去耕田的时候，天天向上天号泣，向父母号泣，自己负罪引咎。恭敬行事去见瞽瞍，诚惶诚恐庄敬瞽瞍。瞽瞍也信任顺从了他。至诚感通了神明，何况这些苗民呢？"

禹拜谢伯益的嘉言，说："对！"

还师回去后，舜帝于是大施文教，又在两阶之间拿着干盾和羽翳跳着文舞。经过七十天，苗民不讨自来了。

皋陶谟①

曰若稽古。皋陶曰："允迪厥德②，谟明弼谐③。"

禹曰："俞，如何？"

皋陶曰："都！慎厥身，修思永④。惇叙九族⑤。庶明励翼⑥，迩可远，在兹。"

禹拜昌言⑦曰："俞！"

皋陶曰："都！在知人，在安民。"

禹曰："吁！咸若时，惟帝其难之。知人则哲，能官人⑧，安民则惠，黎民怀之。能哲而惠。何忧乎欢兜？何迁乎有苗⑨。何畏乎巧言令色孔壬⑩！"

皋陶曰："都！亦行有九德⑪。亦言，其人有德，乃言曰：'载采采⑫。'"

禹曰："何？"

皋陶曰："宽而栗⑬，柔而立⑭，愿而恭⑮，乱而敬⑯，扰而毅⑰，直而温⑱，简而廉⑲，刚而塞⑳，疆而义㉑。彰厥有常㉒，吉哉㉓！"

"日宣三德，夙夜浚明有家㉔；日严祗敬六德㉕，亮

40

采有邦㉖。翕受敷施㉗，九德咸事㉘，俊义在官㉙，百僚师师㉚，百工惟时㉛，抚于五辰㉜，庶绩其凝㉝。

"无教逸欲。有邦兢兢业业㉞，一日二日万几㉟。无旷庶官㊱，天工㊲，人其代之？天叙有典㊳，敕我五典五惇哉㊴！天秩有礼，自我五礼有庸哉㊵！同寅协恭和衷哉㊶！天命有德，五服五章哉㊷！天讨有罪，五刑五用哉！政事懋哉懋哉！

"天聪明㊸，自我民聪明；天明畏㊹，自我民明威。达于上下，敬哉有土㊺！"

皋陶曰："朕言惠可底行㊻？"

禹曰："俞！乃言底可绩。"

皋陶曰："予未有知，思曰赞赞襄哉㊼！"

注　释

①本篇是皋陶和禹讨论如何实行德政治理国家的会议记录，记述了皋陶"慎身"、"知人"、"安民"的主张。

②迪：实行。

③谟：议谋。

④永：久。

⑤惇：敦厚。叙：次序。

⑥明：贤明。励：勉力。翼：辅助。

⑦昌言：美言。

⑧人：指官吏。

⑨迁：放逐。

⑩巧言：花言巧语。令色：讨好谄媚的神色。令：美。孔：大。壬：奸佞。

⑪亦：大凡。九德：九种美德，即下文的"宽而栗……强而义。"

⑫载：度，验证。采采：种种事情。

⑬栗：谨慎警惧。

⑭立：特立独行。

⑮愿：老实厚道。

⑯乱：治。

⑰扰：顺。

⑱温：和。

⑲简：远大。

⑳塞：实。

㉑义：良善。

㉒有常：指有常德之人。

㉓吉：善。

㉔浚：恭敬。明：勉力。家：大夫封地。

㉕严：庄重。祗：恭谨。

㉖亮：辅助。邦：诸侯封地。

㉗翕：聚合。

㉘事：任职。

㉙俊义：指公卿。

㉚百僚：指大夫。师师：相效法。

㉛百工：指士，工，官。时：善。

㉜抚：顺从。五辰：本指金、木、水、火、土五星，这里泛指天象。

㉝庶：众。凝：定，成就。

㉞兢兢：小心谨慎。业业：畏惧戒惕。

㉟一日二日，一天一天。万几：万端。

㊱旷：虚设。

㊲天工：天命之事。

㊳典：常。

㊴敕：命令。

㊵自：循。五礼：天子、诸侯、卿大夫、士、庶民的五级礼仪。庸：常。

㊶寅：敬。

㊷服：指礼服。章：同"彰"。

㊸聪明：耳敏为聪，目锐为明。

㊹明畏：明是表彰好人，畏是惩治坏人。下文"明威"同。

㊺有土：保存国土，即保持帝王地位。

㊻底：一定。

㊼赞赞：努力辅佐的样子。赞：辅佐。襄：辅佐。

译　文

查考古代的传说，知道皋陶和禹曾在舜帝面前讨论如何实行德政的问题。皋陶说："只有切实实行先王的德政，才能够使朝廷决策英明，群臣同心同德。"禹说："是啊！可是怎样实行德政呢？"皋陶说："啊！首先，要严以律己，坚持不懈地进行自我修养，提高自己的道德品行。同时，还要以宽厚的胸怀对待亲族的人，使大家也都贤明起来，勉力辅助您治理国家。要实行德政，就应当从这里做起；这就是所谓的由近及远的方法。"听了这番精彩的议论，禹非常佩服，拜谢说："非常正确呀！"

▲禹

皋陶说："啊！实行德政提高自身修养之外，还要知人善任，正确地选拔和使用官员，和关心百姓，安定民心。"

禹说："哎呀！要完全做到以上两点，恐怕连先帝也会感到困难。知人善任，会使自己显得明达睿智，而只有明达睿智，才能任人唯贤；安定民心，就会使自己受到人们爱戴，而只有受人爱戴，百姓才会怀念他。可是明达睿智、受人爱戴如尧、舜二位贤明的先帝，却还须提防欢兜这样的权臣，放逐三苗这样的部族，警惧那些巧言令色有大奸大佞，这又是为什么呢？"

皋陶说："啊！大凡良善行为，都来源于九种美德。因而检验某人是否具有某种美德，除了考察他的言论之外，往往还要对他说：'先去做些事情，验证一下吧'。"

禹问："那么，九种美德究竟是些什么样的品德呢？"

皋陶解释说："我说的九种美德是：既恢宏大度又小心谨慎，既温和文雅又特立独行，既忠厚诚实又严肃庄重，既卓有才识又敬业守勤，既柔顺驯服又刚毅果决，既正直耿介又和蔼可亲，既宏大豪放又严谨审慎，既刚正坦荡又认真务实，既强雄豪迈又仁义善良。应当树立和表彰那些持守这九种美德的贤人，因为这是一桩善政中的善政啊！

"如果一个人每天都能在自己的所作所为中显示出他具有九种美德中的三种，而且一天到晚都能恭敬而努力地按照这些道德规范行事，那么他就可以做公卿。如果一个人每天都能庄重而恭谨地按照九种美德中的六种行事，那么他就能够辅佐天子而成为诸侯。如果天子能够九种美德并用，而普遍施行于国家政务，凡具有九种美德的贤人都授予一定的官职，那么，公卿便会克尽职守，大夫便会互相学习，士便会努力办好自己职分内的事情，这样一来，所有的官员都会遵从天命行事，共同完成各项事业。

"不要放纵私欲和贪图享乐。诸侯要兢兢业业地处理政务，因为时间一天接着一天，天下发生的事情有千种万种之多。不要虚设种种职位，因为职位是遵照天命设立的，人岂能代替上天滥设虚职？上天为人间规定君臣、父子、兄弟、夫妇、朋友之间的伦理秩序，并训诫我们要按照这种伦理秩序做到父义、母慈、兄友、弟恭、子孝，我们就应当遵从天命，使这种伦理秩序真诚、纯厚起来啊！上天为人间规定的尊卑不同的礼仪，是按照天子、诸侯、卿大夫、士、庶民这种贵贱等级排列的；五等礼仪确定之后，我们就有了可以永远遵循的准则。我们应该相互尊重，同心同德，齐心协力施行五礼啊！上天为了使有道德的人都能各称其职，各享其禄，又规定了天子、诸侯、卿大夫、士、庶民五等礼服，以分别表彰各种不同的德行。上天为了惩罚有罪的人，使之罪有应得，还规定了墨、劓、剕、宫、大辟五种刑罚，用来惩罚犯了不同罪行的人，这些刑罚，都应该认真执行。天命不可违，担任各种职务的人，要相互勉励，共同努力，把政务办好啊！

"上天的神明和睿智，都是从臣民中听取意见、观察问题而得来的；上天表彰良善，惩治奸邪，都是根据臣民的意愿而决定的。上天的意志和臣下的心愿是相通的，作君王的，千万千万要谨慎啊！"

皋陶问道："我的这些主张，都能够实行吗？"

禹说："那是当然！你的这些主张，不仅能够实行，而且一定能够取得成功。"

皋陶最后说："其实我又懂得什么呢？我只不过每天都在想怎样勤勉辅佐君王，把国家治理好啊！"

益 稷①

帝曰："来，禹！汝亦昌言。"禹拜曰："都！帝，予何言？予思日孜孜②。"皋陶曰："吁！如何？"禹曰："洪水滔天，浩浩怀山襄陵③，下民昏垫④。予乘四载⑤，随山刊木⑥，暨益奏庶鲜食⑦。予决九川，距四海⑧，浚畎浍距川⑨。暨稷播，奏庶艰食⑩鲜食。懋迁有无⑪，化居⑫。蒸民乃粒⑬，万邦作乂⑭。"皋陶曰："俞！师汝昌言⑮。"

禹曰："都！帝。慎乃在位⑯。"帝曰："俞！"禹曰："安汝止⑰。惟几惟康⑱，其弼直⑲，惟动丕应⑳。徯志以昭受上帝㉑，天其申命用休㉒。"

帝曰："吁！臣哉㉓，邻哉㉔！邻哉！臣哉！"

禹曰："俞！"

帝曰："臣作朕股肱耳目㉕。予欲左右有民㉖，汝翼㉗。予欲宣力四方，汝为。予欲观古人之象㉘；日、月、星辰、山、龙、华虫㉙，作会㉚；宗彝㉛、藻㉜、火、粉米㉝，黼㉞黻㉟，希绣㊱。以五采彰施于五色㊲，作服，汝明㊳。予欲闻六律五声八音㊴，在治忽㊵，以出纳五言㊶，汝听。予违，汝弼，汝无面从㊷，退有后言㊸。钦四邻㊹！庶顽谗说㊺，若不在时㊻，侯以明之㊼，挞以记之㊽；书用识哉㊾，欲并生哉㊿！工以纳言[51]，时而飏之[52]；格则承之庸之[53]，否则威之[54]。"

注　释

①本篇是禹和舜讨论国计民生、君臣关系的谈话记录。益，舜时东夷部落的首领。稷，舜时的农官，后又辅佐禹教民稼穑。

②孜孜：努力不懈。

③襄：上。

④昏垫：沉没，陷落。

⑤载：车船之类的交通工具。

⑥刊：砍。

⑦暨：和，跟。奏：进，送。鲜食，新宰杀的鸟兽。

⑧决：疏通。距：进，到。

⑨畎浍：田间的水渠。

⑩艰食：百谷。由于当时水多，土地难以耕种，故称粮
食为艰食。

⑪懋：同"贸"。迁：交换。

⑫化：同"货"。居：蓄，指积贮的财物。

⑬蒸民：百姓。蒸众多。粒：即"立"安定。

⑭作：始。

⑮师：即"斯"，这。

⑯在位：当权的人，这里指大臣。

⑰止：举止。

⑱惟：思，考虑。几：危险。康：安康。

⑲直：指正直的人。

⑳动：举动，丕：大。应：响应。

㉑俟：等待。志：心志。昭：明，清醒。

㉒其：将。申：重，再次。休：美。

㉓臣：指禹。

㉔邻：四邻，意为关系最亲近。

㉕股肱：得力助手，股，大腿。肱，手臂。

㉖左右：引导。有：名词词头，无义。

㉗翼：辅助。

少年读尚书

㉘象：图像。

㉙华虫：雉，野鸡。以上六种为衣上绘的图像。

㉚会：绘。

㉛宗彝：虎形图案。宗庙祭祀的礼器彝上绘有虎形图饰。

㉜藻：水草。

㉝粉米：白米。

㉞黼：黑白相间的斧形图案。

㉟黻：两个"弓"字相背的图案。以上六种为裳上绣的图像。

㊱希：缝制。

㊲采：颜料。

㊳明：做好。

㊴六律：古代音乐有十二种高低不同的标准音,叫十二律,为黄钟、大吕、太簇、夹钟、姑洗、中吕、宾、林钟、夷则、南吕、无射、应钟。又分为阴阳两类，单数者为阳律，称六律；双数者为阴律，称六吕。五声：五种高低不同的音阶，即宫、商、角、徵、羽。八音：八种乐器，即金、石、丝、竹、匏、土、革、木。金为钟、石为磬、丝为琴、竹为管、匏为笙、土为埙，革为鼓，木为柷。

㊵在：察。治忽：治乱。即国家治理的情况，忽，荒怠。

㊶五言：各方面的意见。五：东西南北中五方。

㊷面从：当面听从。

㊸后言：背后乱说。

㊹四邻：指天子身旁的近臣。

㊺庶：众。

㊻时：是，这。

㊼侯，诸侯国国君。

㊽挞：鞭打。记：令受挞者不忘惩罚。

㊾书：刑书。识：记录。

㊿生：使……生。

(51)工：官。

(52)时：善。同“扬”。

(53)格：正。承：进。庸：用。

(54)威：惩罚。

译文

舜帝说：“来吧，禹！你也发表高见吧。”禹拜谢说：“啊！君王，我说什么呢？我只想每天努力工作罢了。”皋陶说：“啊！究竟怎么样呢？”禹说：“大水弥漫接天，浩浩荡荡地包围了山顶，漫没了丘陵，老百姓沉没陷落在洪水里。我乘坐四种运载工具，沿着山路砍削树木作为路标，同伯益一起把新杀的鸟兽肉送给百姓们。我疏通了九州的河流，使它们流到四海，挖深疏通了田间的大水沟，使它们流进大河。同后稷一起播种粮食，把百谷、鸟兽肉送给老百姓。让他们调剂余缺，迁徙居积的货物。于是，百姓们就安定下来了，各个诸侯国开始得到了治理。"

皋陶说："好啊！这是你的高见啊。"

禹说："啊！舜帝。你要谨慎地对待你的在位的大臣啊！"

舜帝说："是啊！"禹说："要尽到你的职责，考虑到大臣的安危。如果用正直的人做你的辅佐，只要你想动一动，天下就会大力响应。要等待有德的人明白地接受上帝的命令，那么，老天就会再三地赞美你。"

舜帝说："唉！大臣就是最亲近的人！最亲近的人就是大臣！"

禹说："对呀！"

舜帝说："大臣是我的得力帮手。我想帮助百姓，你辅佐我。我想花力气治理好四方，你帮助我。我想显示古人衣服上的图像，用日、月、星辰、山、龙、雉六种图形绘在上衣上，用虎、水草、火、白米、黑白相间的斧形花纹、黑青相间的'已'字花纹绣在下裳上。用五种颜料明显地做成五种色彩不同的衣服，你们要做好。我要听六种乐律、五种声音、八类乐器的演奏，从声音的哀乐考察治乱，听取各方的意见，你们要听清楚。如果我有过失，你们就辅佐我。你们不要当面顺从我，背后又去议论。我恭敬地对待身旁的近臣！

至于那些愚蠢而又喜欢恶意中伤别人的人，如果不能明察做臣的道理，就用射侯之礼明确地教训他们，用棍棒鞭打从而警戒他们，并把他们的罪过记录在刑书上，让他们改悔上进！做官的要采纳下面的意见，好的就称颂宣扬，正确的就进献上去以便采用，做官的如果不采纳意见就要惩罚他们。"

原　文

禹曰："俞哉！帝光天之下，至于海隅苍生①，万邦黎献②，共惟帝臣，惟帝时举③，敷纳以言，明庶以功④，车服以庸⑤。谁敢不让，敢不敬应？帝不时敷⑥，同，日奏，罔功⑦。"

帝曰："无若丹朱傲⑧，惟慢游是好，傲虐是作⑨。罔昼夜頟頟⑩，罔水行舟⑪，朋淫于家⑫。用殄厥世⑬，予创若时。⑭"

禹曰："娶于涂山⑮，辛壬癸甲⑯；启呱呱而泣⑰，予弗子⑱，惟荒度土功⑲。弼成五服⑳。至于五千。州十有二师㉑，外薄四海，咸建五长㉒，各迪有功，苗顽弗即工㉓，帝其念哉！"

帝曰："迪朕德，时乃功，惟叙。"

皋陶方祗厥叙㉔，方施象刑，惟明。

夔曰㉕："戛击鸣球㉖，搏拊㉗，琴、瑟，以咏。"祖考来格㉘，虞宾在位㉙，群后德让㉚。下管鼗鼓㉛，合止柷敔㉜，笙镛以间㉝，鸟兽跄跄，《箫韶》九成㉞，凤皇来仪㉟。

夔曰："於！予击石拊石，百兽率舞，庶尹允谐^㊱。"

帝庸作歌^㊲。曰："敕天之命^㊳，惟时惟几^㊴。"乃歌曰："股肱喜哉！元首起哉^㊵！百工熙哉^㊶！"

皋陶拜手稽首飏言曰^㊷："念哉！率作兴事^㊸，慎乃宪^㊹，钦哉！屡省乃成，钦哉！"乃赓载歌曰^㊺："元首明哉！股肱良哉！庶事康哉^㊻！"又歌曰："元首丛脞哉^㊼！股肱惰哉！万事堕哉！"

帝拜曰："俞，往钦哉！"

注释

①海隅：海内。隅：靠边沿的地方。苍生：黎民。

②黎：众。献：贤，指贤人。

③举：举用。

④庶：试，考察。

⑤庸：事功。

⑥敷：分辨。

⑦罔：无。

⑧丹朱：尧的儿子。

⑨虐：同"谑"，嬉戏。作：为。

⑩额额："额"的异体字，形容不休息。

⑪罔水：这里指水很浅。

⑫朋：放。

⑬用：因。殄：灭绝。厥：其。世：父子相继为世。

⑭创：悲伤。

⑮涂山：山名，这里指居住于涂山的部落。

⑯辛壬癸甲：从辛日到甲，共四天。传说禹婚后三日即外出治水。

⑰启：禹的儿子。传说禹婚后二日启即降生。

⑱子：爱抚。

⑲荒：忙。度：谋。

⑳五服：五个服劳役的地区，详见《禹贡》注。

㉑师：长官。

㉒建五长：每五个诸侯国为一属，属设一长。

㉓顽：抗拒。

㉔叙：德。

㉕夔：人名。传说是舜时的乐官。

㉖戛：意与击同，弹奏。鸣球，一种乐器，即玉磬。

㉗搏拊：一种乐器，皮革制成，状如小鼓。

㉘祖考：祖，指颛顼。考指尧。舜继尧，如子承父，故称尧考。这里说的是他的灵魂。格：于，即降临。

㉙虞宾：虞舜的宾客，这里指前代帝王的后裔。

㉚德：升，登堂。

㉛下：堂之下。管：竹制乐器。鼗：一种打击乐器，即小鼓。

㉜柷：一种打击乐器，状如方斗，于奏乐开始时击之。敔：一种打击乐器，状如伏虎，于奏乐结束时击之。

㉝镛：大钟。

㉞跄跄：伴着乐曲有节奏地跳舞的样子。《箫韶》：舜时乐曲名，九成：奏乐要变更九曲才结束。

㉟凤皇：即凤凰，传说中的一种神鸟。仪：成双成对。

㊱尹：官。允：信，确实。

㊲庸：用，因此。

㊳敕：谨。

㊴几：危险，意为警惧。

㊵起：奋发。

㊶熙：振作。

㊷拜手：一种跪拜礼，双膝下跪，两手拱合，俯首至手与心相平。

㊸率：循，顺。

㊹慎：诚。宪：法度。

㊺赓：继续。

㊻康：安宁。

㊼丛脞：烦琐。

译文

禹说："好啊！舜帝，普天之下，至于海内的百姓，各诸侯国的众位贤人，都是您的臣子，舜帝您要善于举用他们。广泛地采纳他们的意见，明确地考察他们的事迹，赏赐车马衣服作为酬劳。如果这样，谁敢不让贤，谁敢不恭敬地听从您的命令？舜帝您不善于分别，好的坏的混同在一起，虽然天天进用人，也只能是劳而无功。

舜帝说："不要像丹朱那样傲慢，只喜欢懒惰游玩，只兴起戏谑，不分白天晚上，永不休止，洪水已经治好了，他还要乘船游玩。又结伙在家中乱来，因此不能继承尧的帝位。我为他的行为感到悲伤。"禹说："我娶了涂山氏的女儿，结婚四天就离开家去治洪水。后来，启出生来到世上，我没顾得上抚养他，只是忙于考虑平治水土的事。我帮助划定五种服役地带，直至五千里远的地方。每个州设置十二个师，治理的地方接近四海边境，又设立了五等长官，各人都参与治水，取得功绩。只有三苗不听调度，没有投身治水工作，帝君您要把这件事放在心上慎重考虑啊！"

舜帝说："宣扬我的德教，这是你的功绩，三苗会顺从的。"皋陶大力敬重那些顺从的，广泛施用五种刑罚图像来警戒违抗命令不服从的人，三苗的事会处理恰当的。

夔说："敲起玉磬，打起搏拊，弹起琴瑟，唱起来吧！"

先祖、先父的灵魂降临了，舜帝的宾客就位了，各诸侯国君登上了庙堂互相揖让。庙堂下吹起管乐，打着小鼓，合乐敲着柷，止乐敲着敔，笙和大钟交替演奏。扮演飞禽走兽的舞队踏着节奏跳舞，韶音奏了九次后，扮演凤凰的舞队出来表演。

夔说："唉！我敲着石磬，扮演百兽的舞队都跳起舞来，各位长官也合着乐曲一同跳起来吧！"

舜帝因此作歌，说："按照上帝的命令行事，时时事事都要小心谨慎。"又唱道："大臣欢悦呀，君王奋发呀，百事发达呀！"

皋陶叩头行礼，说："要念念不忘啊！统率起兴办的事业，慎守法度，可要恭敬啊！不断地检查自己，事业就会获得成功，可要恭敬啊！"于是继续作歌说："国王英明啊！大臣贤良啊！诸事安宁啊。"又作歌说："国君琐碎啊！大臣懈怠啊！诸事荒废啊！"

舜帝拜谢说："对啊！我们去认真恭谨地干吧！"

夏　书

禹　贡①

禹别九州②，随山浚川，任土作贡③。

禹敷土，随山刊木④，奠高山大川⑤。

冀州⑥：既载壶口⑦，治梁及岐⑧。既修太原⑨，至于岳阳⑩。覃怀底绩⑪，至于衡漳⑫。厥土惟白壤⑬，厥赋惟上上⑭，错⑮，厥田惟中中。恒、卫既从⑯，大陆既作⑰。岛夷皮服⑱，夹右碣古入于河⑲。

济、河惟兖州⑳：九河既道㉑，雷夏既泽㉒，雍沮会同㉓。桑土既蚕㉔，是降丘宅土㉕。厥土黑坟㉖，厥草惟繇㉗，厥木惟条㉘。厥田惟中下，厥赋贞㉙，作十有三载乃同㉚。厥贡漆丝，厥篚织文[31]。浮于济、漯[32]，达于河。

海、岱惟青州[33]：嵎夷既略[34]，潍、淄其道[35]。厥土白坟，海滨广斥[36]。厥田惟上下，厥赋中上。厥贡盐绨[37]，海物惟错[38]。岱畎丝、铅、松、怪石[39]。莱夷作牧[40]。厥篚檿丝[41]。浮于汶[42]，达于济。

海、岱及淮惟徐州[43]：淮、沂其乂[44]，蒙、羽其艺[45]；大野既猪[46]，东原底平[47]。厥土赤埴坟[48]，草木渐包[49]。厥田惟上中，厥赋中中。厥贡惟土五色[50]，羽畎夏翟[51]，峄阳孤桐[52]，泗滨浮磬[53]，淮夷珠暨鱼[54]。厥篚玄纤缟[55]。浮于淮、泗，达于河[56]。

淮、海惟扬州[57]：彭蠡既猪[58]，阳鸟攸居[59]，三江既入[60]。震泽底定[61]。篠簜既敷[62]，厥草惟夭[63]，厥木惟乔[64]。厥土惟涂泥[65]。厥田惟下下，厥赋下上错。厥贡惟金三品[66]。瑶、琨、篠簜、齿、革、羽、毛惟木[67]。岛夷卉服[68]。厥篚织贝[69]，厥包桔柚，锡贡[70]。沿于江、海，达于淮泗。

注 释

①本篇记述了大禹披九山、通九泽、决九河、定九州的功绩，和当时的政治制度、行政区划、山川分布、水土治理、贡赋等级等状况，是一部很有价值的地理著作。贡：贡赋。

②别：划分。

③任土：根据土地的肥瘠。

④刊：砍。

⑤奠：划定。

⑥冀州：禹所划分的九州之一，在今山西省、河北省一带。

⑦载：施工。壶口：山名，在今山西省吉县南部。

⑧梁：山名，在今陕西省韩城市西部。岐：即"歧"，梁山的支脉。

⑨太原：今山西省太原一带，位于汾水上游。

⑩岳阳：岳，指太岳山，在今山西省霍县东部，汾水流经这里。阳，山南为阳。

⑪覃怀：地名，今河南省武陟县、沁阳市一带。底：获得。

⑫衡漳：衡即"横"，漳即漳水，由于"漳水横流入海"，故称横漳。漳水在覃怀之北。

⑬白壤：盐碱地。

⑭赋：赋税。上上：《禹贡》将土质和赋税分为九等，即上上、上中、上下、中上、中中、中下、下上、下中、下下。上上为第一等，余类推。

⑮错：错杂。

⑯恒：水名，在今河北省曲阳县，源出于恒山。卫：水名，有人认为就是滹沱河。从：须河道入海。

⑰大陆：泽名，在今河北省、鹿县西北部。作：动工治理。

⑱岛夷：东方海岛上的少数民族。夷，古代东方边远地区的民族。皮服：岛夷人的贡品。

⑲夹：近。碣古：山名，在今河北省抚宁、昌黎二县县界。河：特指黄河。

⑳济：水名，源出于河南省济源市。兖州：地名，在今河北省、山东省一带。

㉑九河：黄河的九条支流。道：导，即疏通。

㉒雷夏：泽名，在今山东省菏泽市东北。

㉓雍：黄河支流，今已不存。沮：雍河的支流，今已不存。

㉔桑土：宜于种植桑树的土地。

㉕降：下。宅：居住。

㉖坟：肥沃。

㉗繇：茂盛。繇，音尧。

㉘条：长，高。

㉙贞：下下等。

㉚作：耕作。

㉛篚：圆形竹器。织文：带有花纹的丝织品。

㉜漯：水名，古代黄河支流。

㉝海：今渤海。岱：泰山。青州：山东半岛。

㉞嵎夷：地名。略：少。

㉟潍：潍水。淄：淄水。二者均在山东省。

㊱斥：盐碱地。

㊲绨：细葛布。

㊳错：多种多样。

㊴畎：山谷。大麻的一种，不结实。铅：指锡。

㊵莱夷：地名。

㊶簏檿柞树，其叶可养蚕。

㊷汶：水名，源出今山东省莱芜市。

㊸海：指黄海。淮：指淮河。徐州：今江苏省、安徽省北部，及山东省南部一带地方。

㊹沂：水名，源出于山东省沂水县西北。

㊺蒙：山名，在山东省蒙县西南。羽：山名，在江苏省赣榆县西南。艺：种植。

㊻大野：指巨野泽，在山东省巨野县。猪：即潴，水停聚的地方。

㊼东原：今山东省东平县一带地方。平：治。

㊽埴：黏性的。

㊾包：通“苞”，草木丛生。

㊿土五色：五色土，指青、黄、赤、白、黑五种不同色土，为古代君王分封诸侯的用品。

(51)夏：大。翟：山雉，羽毛可作装饰品。

(52)峄：山名，在江苏省邳州市。孤桐：桐树中的特优者。

(53)泗：水名，源出于山东省泗水县。浮磬：指露出水面，可以作磬的石头。

(54)蠙珠：蚌珠。

(55)玄：黑色。纤：细。缟：绢。

(56)达于河：河应为菏，即菏泽。这句话的意思是进入菏泽，再由济水而入黄河。

(57)海：指黄海。

(58)彭蠡：即今江西省境内的鄱阳湖古称彭蠡泽。

(59)阳鸟：南方的岛屿。鸟，"岛"的借字。

(60)三江：岷江、汉水、彭蠡。

(61)震泽：指太湖。

(62)篠：小竹。荡：大竹。

(63)夭：茂盛。

(64)乔：高大。

(65)涂泥：潮湿的泥土。

(66)金三品：金、银、铜三个等级的贡品。品：等级。

(67)瑶、琨：美玉。齿：象牙。毛：牦牛尾。

(68)岛夷：指东南沿海各岛的人。卉服：蓑衣、草笠之类。卉，草的总称。

(69)织贝：带有贝纹图案的锦。

(70)锡：即"赐"与"贡"同义。

禹划分九州的疆界，顺着山岭的走向疏通河道，依据土地的肥瘠状况定出贡赋等级，建立了一套贡赋制度。

禹为了划分土地的疆界，在经过的山上削木为桩竖上标记，以高山大河为界限确定疆域。

冀州：壶口治理工程动工之后，又开始治理梁山及其支脉。太原治理完毕，工程就扩展到太岳山的南面。覃怀一带的治理一取得成效，又转而向北整治横流入河的漳水。这里的土壤白细柔软，贡赋定为第一等，其中也夹杂着第二等；这里的土质属于第五等。恒水和卫水疏通之后，河水流入大海，尔后治理大陆泽的工程也动工了。沿海一带诸侯以皮服为贡品，进贡的路线是经由碣石转入黄河。

济水与黄河之间一带是兖州：黄河下游众多河道已经疏导畅通，雷夏湖泽已经形成，雍水、沮水在这里会合。土地已能够种植桑树，饲养家蚕，人们从小土山上搬到平地上居住。该州的土质是肥沃的黑土，这里青草茂盛，树木修长。这里的耕地应该是第六等，赋税是第九等，待耕作了十三年后才能和其他州的赋税相同。该州的贡物是漆和丝，装在圆竹筐里的是染成各种花纹的丝织品。进贡的物品从济水和漯水乘船通达黄河。

渤海泰山之间一带是青州：隅夷治理后，潍水、淄水也疏通了。这里土地色白而肥沃，海边为广阔的盐碱地。这里的土地为第三等，赋税为第四等。这里的贡品是盐、细葛布，还有多种海产品。泰山谷地一带的贡物是丝、大麻、锡、松木和奇特珍贵的石头。莱夷一带居民放牧牲畜，这里的贡品是用筐盛装的柞蚕丝。进贡的船由汶水直达济水。

黄海、泰山与淮河之间一带是徐州：淮河、沂水治理好后，蒙山、羽山一带就可以种植了，大野泽已聚成湖泊，东原一带也得到平治。这里的土壤是红色黏性而肥沃的，草木也逐渐生长繁茂。这里的土地属第二等，赋税为第五等。这里上缴的贡物是五色土，羽山谷中的大野鸡，峄山南坡特产的桐木，泗水河畔可作石磬的石头。淮夷要进贡蠙珠和鱼类，还有用筐子盛装的黑色细绸和白绢。运送贡品的船只从淮河、泗水到达黄河。

淮河与黄海之间是扬州：彭蠡泽已经汇集了深水，南方各岛可以安居。三条江水已经流入大海，震泽也获得了安定。小竹和大竹已经遍布各地，那里的草很茂盛，那里的树很高大。那里的土是潮湿的泥。那里的田是第九等，那里的赋是第七等，杂出第六等。那里的贡品是金、银、铜、美玉、美石、小竹、大竹、象牙、犀皮、鸟的羽毛、旄牛尾和木材。东南沿海各岛的人穿着草编的衣服。这一带把那筐装的贝锦，那包裹的橘柚作为贡品。进贡的船只沿着长江、黄海到达淮河、泗水。

原　文

荆及衡阳惟荆州①：江、汉朝宗于海②，九江孔殷③，沱潜既道④，云土梦作乂⑤。厥土惟涂泥，厥田惟下中，厥赋上下。厥贡羽毛、齿、革、惟金三品，杶干、栝、柏⑥，砺、砥、砮丹惟菌、簵、楛⑦，三邦底贡厥名⑧，包匦菁茅⑨，厥篚玄纁玑组⑩，九江纳锡大龟⑪。浮于江、沱、潜、汉⑫，逾于洛，至于南河⑬。

荆河惟豫州。伊、洛、瀍涧既入于河⑭，荥波既猪⑮。导菏泽，被猛猪⑯。厥土惟壤，下土坟垆⑰。厥田惟中上，厥赋错上中。厥贡漆、枲绨、纻⑱，厥篚纤、纩⑲，锡贡磬错⑳。浮于洛，达于河。

华阳、黑水惟梁州㉑：岷、嶓既艺㉒，沱、潜既道。蔡、蒙旅平㉓，和夷底绩㉔。厥土青黎㉕，厥田惟下上，厥赋下中三错㉖。厥贡璆、铁、银、镂、砮、磬，熊、罴、狐、狸㉗，织皮西倾因桓是来㉘。浮于潜，逾于沔㉙，入于渭㉚，乱于河㉛。

黑水、西河惟雍州㉜。弱水既西㉝，泾属渭汭㉞，漆沮既从㉟，沣水攸同㊱。荆、岐既旅㊲，终南、惇物㊳，至于鸟鼠㊴。原隰底绩㊵，至于猪野㊶。三危既宅㊷，三苗丕叙。厥土惟黄壤，厥田惟上上，厥赋中下。厥贡惟球、琳、琅、玕[43]。浮于积石[44]，至于龙门、西河[45]，会于渭汭。织皮昆仑、析支、渠搜[46]，西戎即叙[47]。

导岍及岐[48]，至于荆山，逾于河。壶口、雷首至于太岳[49]。底柱、析城至于王屋[50]。太行、恒山至于碣石[51]，入于海[52]。

西倾、朱圉、鸟鼠至于太华[53]。熊耳、外方、桐柏至于陪尾[54]。

导嶓冢至荆山[55]。内方至于大别[56]。岷山之阳至于衡山，过九江至于敷浅原[57]。

导弱水至于合黎[58]，余波入于流沙[59]。

导黑水至于三危，入于南海。

导河、积石，至于龙门；南至于华阴[60]；东至于底柱；又东至于孟津[61]；东过洛汭，至于大伾[62]；北过降水[63]，至于大陆；又北，播为九河[64]，同为逆河[65]，入于海。

嶓冢导漾[66]。东流为汉；又东，为沧浪之水[67]；过三澨[68]，至于大别，南入于江。东，汇泽为彭蠡；东，为北江[69]，入于海。

注 释

①荆：山名，在湖北省南漳县。衡：即衡山，在湖南省衡山县。

②江：特指长江。朝宗：诸侯朝见天子，春天见为朝，夏天见为宗。

③九江：指洞庭湖，历沅、渐、元、辰、叙、酉、澧、资、湘九江皆会于此，故称九江。孔：大。殷：定。

④沱：水名，长江支流，在湖北省枝江市。潜：水名，汉水支流，在湖北省潜江县。

⑤云土梦：即云梦泽。《国语·楚语》注："楚有云梦，徒其名也。"徒、土音近假借。

⑥杶：椿树。干：柘木。栝：桧柏。

⑦砺：粗磨刀石。砥：细磨刀石。砮可以做箭镞的石头。丹：朱砂。菌辂：一种细长的竹子。木名，可做箭杆。

⑧名：名产。

⑨瓯：杨梅。菁茅：一种带刺的茅草，可以用来滤酒。

⑩缫：黄赤色。玑组：小珍珠串。玑，珍珠。组，丝带。

⑪纳锡：进贡。锡，赐。

⑫浮：水运。

⑬南河：指黄河的洛阳、巩义市一段。

⑭伊：水名，源出于河南省卢氏县。洛：水名，源出于陕西省洛南县。水名，源出于河南省孟津县。涧：水名，源于河南省渑池县。

⑮荥波：泽名，即荥播，在河南省荥阳市。

⑯被：通"陂"，修筑堤防的意思。孟猪：泽名，即孟诸，在今河南省商丘县。

⑰垆：黑色硬土。

⑱纩：苴麻。

⑲纩：细绵。

⑳磬错：可以制磬的石头。错，石头。

㉑华：即华山，在陕西省华阴市。黑水：怒江。

㉒岷：岷山。嶓：嶓冢山，在陕西省宁强县。艺：治。

㉓蔡：山名，即峨眉山。蒙：山名，在四川省雅安县。旅：治。

㉔和：水名，即大渡河。

㉕青：黑色。黎：疏松。

㉖三错：杂出第七、八、九三个等级。

㉗镂：可以刻镂的刚性铁。

㉘织皮：这里指西戎之国。西倾：山名，在甘肃、青海两省交界处。因：顺，沿。桓：水名，即白龙江。

㉙沔：汉水上游。

㉚渭：即渭水，源出于甘肃省渭源县。

㉛乱：横渡。

㉜西河：水名，黄河上游南北流向的一段。

㉝弱水：水名。

㉞泾：水名，源出于甘肃省平凉市，流至陕西省入渭水。

属：入。汭河流会合处。

㉟漆沮：洛水流入黄河处地名，这里为洛水的代称。

㊱沣水：水名，源出于陕西省户县，北入渭水。

㊲荆：荆山，在今陕西省富平县。此为北条荆山，而上文的荆山在湖北省，为南条荆山。岐：岐山，在今陕西省岐山县。

㊳终南：山名，即今天的秦岭。惇物：即太白山，在今陕西省眉县。

㊴鸟鼠：山名，在今甘肃省渭源县。

㊵原隰：指豳地，在今陕西省旬邑、郇县境内。

㊶猪野：泽名，又称都野，在甘肃省民勤县。

㊷三危：山名。

㊸球：美玉。琳：美石。琅玕：像珠子一样的美玉。

㊹积石：山名，在青海省西宁市西南。

㊺龙门：山名，在陕西省韩城市。

㊻织皮：皮制衣料。析支：山名，在青海省西宁市西南。渠搜：山名。

㊼西戎：古代西北边远民族的总称。

㊽岍：山名，在陕西省陇县。

㊾雷首：山名，在山西省永济市。

㊿厎柱：山名，在山西省平陆县。析城：山名，在山西

阳城县。王屋：山名，在山西省垣曲县。

○51太行：山名，在山西、河南、河北三省交界处。恒山：在河北省曲阳县，古称北岳。

○52海：指渤海。

○53朱圉：山名，在甘肃省甘谷县。太华：即华山。

○54熊耳：山名，在河南省卢氏县。外方：山名，在河南省登封市，又名嵩山，古称中岳。桐柏：山名，在河南省桐柏县。陪尾：山名，在湖北省安陆市。

○55荆山：指南条荆山。

○56内方：山名，地湖北省钟祥市。大别：即大别山。

○57敷浅原：山名，有人认为就是庐山。

○58合黎：山名，在甘肃省山丹县一带。

○59余波：即下游。流沙：泛指居延泽即内蒙古自治区额济纳旗的嘎顺诺尔湖和苏古诺尔湖一带的沙漠。

○60华阴：华山之阴即华山北面，也就陕西省华阴一带。阴，山之北为阴。

○61孟津：即今河南省孟津县。

○62大伾：山名，在河南省浚县。

○63降水：水名，在河北省肥乡、曲周二县之间，入黄河。

○64播：分布。九河：指黄河下游兖州一带众多的黄河支流。

○65逆河：大河之水倒灌入支流，这种支流就是逆河。逆，迎受。

　　㉖漾：水名，汉水的上游。

　　㉗沧浪：即汉水。

　　㉘三澨：水名，源出于湖北省京山县，东流入汉水。

　　㉙北江：即汉水，因在长江之北而得名。

译　文

　　荆山与衡山的南面是荆州：长江、汉水像诸侯朝见天子一样奔向海洋，洞庭湖的水系大定了，沱水、潜水疏通以后，云梦泽一带也可以耕作治理了。这一带的土是潮湿的泥，这里的田是第八等，赋是第三等。这里的贡物是羽毛、旄牛尾、象牙、犀皮以及金、银、铜，椿树、柘木、桧树、柏树，粗磨石、细磨石、造箭镞的石头、丹砂以及细长的竹子、楛。湖泽附近的三个诸侯国进贡他们的名产，包裹好了的杨梅、菁茅，装在筐子里的彩色丝绸和一串串的珍珠，九江一带进贡的是大龟。这些贡品先从长江、沱水、潜水、汉水走水路，然后上岸走陆路到洛水，再到南河。

　　荆山和黄河之间是豫州。伊水、洛水、瀍水、涧水都已疏通流入黄河，荥播已汇成了湖泊。菏泽已被疏通，与孟猪泽连通了。这里的土质柔细，低洼处是肥沃坚硬的黑土。这里的土地属第四等，这里的赋税为第二等，也间杂着第一等。

73

这里的贡物是漆、麻、细葛布、苎麻，以及用竹筐装着的细丝绵，又进贡治磬玉的石头。入贡的物品由洛水乘船，到达黄河。

华山南部到怒江之间是梁州：岷山、冢山治理之后，沱水、潜水已经疏通了。峨眉山、蒙山治理以后，大渡河、夷水一带也取得功效。这里的土质是疏松的黑土，田是第七等，田赋杂有第七、八、九三等。贡品是美玉、铁、银、镂、作箭头的石头，磬、熊、罴、狐狸、野猫。织皮、西倾山的贡物顺着桓水而来。船只行在潜水，上岸陆行，再进入沔水，到渭水，最后横渡渭水抵达黄河。

黑水到西河一带是雍州：弱水疏通向西流，泾河流入渭河水湾，漆水、沮水汇合流向渭水，沣水也向北流入渭水。荆山、岐山治理以后，终南山、惇物山直到鸟鼠山都得到了治理。原隰的治理取得了功绩，都野泽也得到了治理。三危山已经可以居住，三苗也就安定了。这里的土是黄色的疏松土壤，田是第一等，田赋是第六等。贡物是美玉、美石、珠宝石。船只从积石山附近的黄河，行到龙门、西河，集聚在渭水与黄河交汇的港湾。织皮的居民定居在昆仑、析支、渠搜三处，西戎各族也就安定有序了。

治理疏通了岍山和岐山的道路，到达荆山，越过黄河。又开通了壶口山至雷首山的道路，直达太岳山。从底柱山、析城山一直通达王屋山。自太行山、恒山一直到达碣石山的道路都开通了，从这里可以进入渤海。

从西倾山、朱圉山、鸟鼠山一直通达华山；又从熊耳山、外方山、桐柏山一直到达陪尾山的道路都开通了。

从嶓冢山开通道路到达荆山。又从内方山通达到大别山。

从岷山的南面，通达长江北岸的衡山，越过长江北岸的河流，到达长江北岸的敷浅原，这些道路都已开通。

疏通弱水至合黎山，其下游流入沙漠中。疏通黑水至三危山，注入南海。疏导黄河，从积石山开始到达龙门山；向南到达华山北侧；再向东到达底柱山；又向东到达孟津；又向东经洛水流入黄河处，到达大伾山；再向北经过降水，到达大陆泽；又向北，分散为九条支流，再会合成一条逆河，注入海中。

开通嶓冢山以疏导漾水。东流而为汉水；又向东流，称为沧浪水；经过三澨水，到达大别山，向南流入长江。向东，汇成大泽，称为彭蠡；再向东为北江，注入大海。

原文

岷山导江，东别为沱^①；又东至于澧^②；过九江，至于东陵^③；东迆北^④，会于汇^⑤；东为中江^⑥，入于海。

导沇水^⑦，东流为济，入于河，溢为荥^⑧；东出于陶丘北^⑨，

又东至于菏；又东北，会于汶；又北东，入于海。

导淮自桐柏，东会于泗、沂⑩，东入于海。导渭自鸟鼠同穴⑪，东会于澧，又东会于泾；又东过漆沮，入于河。导洛自熊耳，东北，会于涧瀍；又东，会于伊；又东北，入于河。

九州攸同：四隩既宅⑫，九山刊旅⑬，九川涤原⑭，九泽既陂⑮，四海会同⑯。六府孔修⑰，庶土交正⑱，底慎财赋⑲，咸则三壤成赋⑳。中邦锡土、姓㉑，祗台德先㉒，不距朕行㉓。

五百里甸服㉔。百里赋纳总㉕，二百里纳铚㉖，三百里纳秸服㉗，四百里粟，五百里米。五百里侯服㉘。百里采㉙，二百里男邦㉚，三百里诸侯㉛。五百里绥服㉜。三百里揆文教㉝，二百里奋武卫㉞。五百里要服㉟。三百里夷㊱，二百里蔡㊲。五百里荒服㊳。三百里蛮㊴，二百里流㊵。

东渐于海㊶。西被于流沙，朔南暨声教讫于四海㊷。禹锡玄圭㊸。告厥成功。

注　释

①沱：水名，长江支流。

②澧：水名，有三源，三源汇合后流入洞庭湖。

③东陵：地名，有人认为在湖北省黄梅县。

④迤：斜行。

⑤汇：即淮河。汇为淮的假借字。

⑥中江：即长江。因北有汉水，南有彭蠡而得名。

⑦沇水：源出于山西省王屋山，到河南省武陟县入黄河。

⑧溢：河水激荡奔突而出。

⑨陶丘：地名，在山东省定陶县。

⑩会于泗、沂：沂水入泗水，泗水入淮河。

⑪鸟鼠同穴：即鸟鼠山。相传鸟鼠于此同穴，故名鸟鼠山。

⑫隩：可以定居的地方。

⑬九山：上文秘列九条山脉。

⑭九川：上文所列九条河流。涤：疏通。原：同"源"。

⑮九泽：上文所列九个湖泽。陂：堤防。

⑯会同：同会京师，指各地进贡之路都畅通无阻了。

⑰六府：金、木、水、火、土、谷。孔：副词，很。

⑱交：俱，都。正：征。

⑲底：定。

⑳则：以……为准则。三壤：上中下三个等级的土地。

㉑中邦：指九州。

㉒台：我。

㉓距：违。

㉔甸服：古代在天子领地外围，每五百里为一区划，按距离远近分为五种服劳役的等级，即甸服、侯服、绥服、要服、荒服，这就是所谓五服。甸服就是在天子领地内服劳役。服，

劳役。

㉕总：全禾，即把成熟的庄稼完整地交出去。

㉖铚，割下的禾穗。铚，割庄稼用的大镰刀，因割穗用它，故以铚表示禾穗。

㉗秸：指谷。

㉘侯服：离王城一千里以外方圆五百里的地区。侯，即"候"。候，斥候。斥，远；候，放哨。

㉙采：事，即替天子服各种劳役。

㉚男邦：替邦国服劳役。男，任。

㉛诸侯：这里指斥候。

㉜绥服：替天子做安抚的事。绥，安。

㉝揆文教：掌管文教事务。揆，掌管。

㉞奋武卫：演习武事。保卫天子。

㉟要服：离王城一千五百里至两千里的地区。

㊱夷：和平相处。

㊲蔡：遵守刑法。

㊳荒服：离王城两千五百里的地区，这是五服中最远的地方，荒，远。

㊴蛮：即慢，礼简怠慢的意思。

㊵流：流动无定居。

㊶渐：入。

㊷朔：北。讫：到。

㊸圭：美玉。

　　开通岷山而疏导长江，向东流分出一支流为沱江；又向东到达澧水；经过洞庭湖，到达东陵；再由东向北延伸，同淮水会合；东流为中江，注入大海。

　　疏导沇水，向东流为济水，注入黄河，河水漫溢形成荥泽；又从陶丘北面向东流，又向东到达菏泽；又向东北，与汶水会合；又向北流然后向东，流入大海。

　　疏导淮河，从桐柏山开始，向东流与泗水、沂水会合，再向东注入大海。疏导渭水，从鸟鼠山开始向东与沣水会合，又向东与泾水会合；又向东经过漆水沮水，注入黄河。疏导洛水，从熊耳山开始，向东北流与涧水、瀍水会合；又向东流与伊水会合，又向东北流，注入黄河。

　　九州由此统一了：四方的土地都已经可以居住了，九条山脉都伐木修路可以通行了，九条河流都疏通了水源，九个湖泽都修筑了堤防，四海之内进贡的道路都畅通无阻了。水火金木土谷六府都治理得很好，各处的土地都要征收赋税，并且规定慎重征取财物赋税，都要根据土地的上中下三等来确定它。中央之国赏赐土地和姓氏给诸侯，敬重以德行为先，

夏
书

79

又不违抗我的措施的贤人。

国都以外五百里叫做甸服。离国都最近的一百里缴纳连秆的禾；二百里的，缴纳禾穗；三百里的，缴纳带秸的谷；四百里的，缴纳粗米；五百里的缴纳精米。

甸服以外五百里是侯服。离甸服最近的一百里替天子服差役；二百里的，担任国家的差役；三百里的，担任侦察工作。

侯服以外五百里是绥服。三百里的，考虑推行天子的政教；二百里的，奋扬武威保卫天子。

绥服以外五百里是要服。三百里的，约定和平相处；二百里的，约定遵守条约。

要服以外五百里是荒服。三百里的，维持隶属关系；二百里的，进贡与否流动不定。

东方进至大海，西方到达沙漠，北方、南方同声教都到达外族居住的地方。于是禹被赐给玄色的美玉，表示大功告成了。

甘 誓①

启与有扈战于甘之野②，作《甘誓》。

大战于甘，乃召六卿③。王曰："嗟！六事之人④，予誓告汝：有扈氏，威侮五行⑤，怠弃三正⑥，天用剿绝其命⑦，今予惟恭行天之罚⑧。左不攻于左⑨，汝不恭命；右不攻于右，汝不恭命；御非其马之正⑩，汝不恭命。用命，赏于祖⑪；弗用命，戮于社⑫，予则孥戮汝⑬。"

注　释

①本篇是一道战争动员令。在这篇誓师词中，夏启陈述了举兵讨伐有扈氏的理由，申明了奖惩办法。甘：地名，有扈氏国都的南郊。誓：古代帝王诸侯出师征战的誓师词。

②启：禹的儿子。有扈氏：国名，故城在现在的陕西省户县。

③六卿：六军主将。夏、商、周三代，天子有六军。

④六事之人：六军全体将士。

⑤威侮：蔑视，轻慢。五行：金、木、水、火、土五种物质。

⑥三正：正德、利用，厚生三大政事。

⑦用：因此。剿：灭绝。

⑧恭行：举行，实行。

⑨左：前者指车左的兵士，后者指车左的敌人，下文"右"类此。

⑩御：驾车的人。正：同"政"，指驾驭马的技术。

⑪赏于祖：古代天子亲自出征，必随身带着祖庙的神主，行赏必在神主前进行，以示不敢专断。

⑫戮：杀。社：社主。

⑬孥：同奴。

译　文

启跟有扈氏在其都城郊野甘这个地方打仗，史官记录下启的战前誓词，撰写出《甘誓》。

启将要在甘这个地方打一场大战，就召集六军将领进行战前动员。君王说："啊！六军的全体将士们，我在这里告诫你们：有扈氏蔑视五行，违背自古沿袭下来的治国大法，废弃三大政事，上天因此要断绝他们的国运，我现在要奉行上天对他们的惩罚。战车左侧的兵士如果不能用利箭射杀左翼的敌人，你们就是不遵从我的命令；战车右侧的兵士如果不能用长矛刺死右翼的敌人，你们也是不遵从我的命令；驾驭战车的兵士如果不精通驾驭战马的方法，使战车应进则进，该退则退，你们也是不遵从我的命令。凡是遵从命令者，我就在先祖的灵位前予以奖赏；凡是不遵从命令者，就在先祖的灵位前对你们加以惩罚，我要把你们降为奴隶，甚至杀死你们！"

夏书

五子之歌①

原文

太康失邦②，昆弟五人须于洛汭③，作《五子之歌》。

太康尸位④，以逸豫灭厥德⑤，黎民咸贰⑥，乃盘游无度⑦，畋于有洛之表⑧，十旬弗反⑨。有穷后羿因民弗忍⑩，距于河⑪。厥弟五人御其母以从⑫，徯于洛之纳⑬。五子咸怨，述大禹之戒以作歌⑭。

其一曰："皇祖有训⑮，民可近，不可下⑯，民惟邦本，本固邦宁。予视天下愚夫愚妇一能胜予⑰，一人三失，怨岂在明⑱，不见是图⑲。予临兆民⑳，懔乎若朽索之驭六马㉑，为人上者，奈何不敬㉒？"

83

其二曰："训有之：内作色荒[23]，外作禽荒[24]。甘酒嗜音[25]，峻宇雕墙[26]。有一于此，未或不亡。[27]"

其三曰："惟彼陶唐[28]，有此冀方[29]。今失厥道，乱其纪纲，乃底灭亡[30]。"

其四曰："明明我祖[31]，万邦之君。有典有则[32]，贻厥子孙[33]。关石和钧[34]，王府则有[35]。荒坠厥绪[36]，覆宗绝祀[37]！"

其五曰："呜呼曷归[38]？予怀之悲。万姓仇予，予将畴依[39]？郁陶乎予心[40]，颜厚有忸怩[41]。弗慎厥德，虽悔可追[42]？"

注 释

①夏帝太康沉湎于游乐，荒废政事，人民不堪其苦，有穷国国君羿率领民众在黄河北岸阻止出猎的太康返回京城，从而使之失去帝位。太康出猎的时候，他的五个弟弟为了侍候其母，一同去了，太康被阻后，五个弟弟在洛水之北等候了一百余日，终不见他返回，于是各作歌一首，表示对他的责难。

②太康：夏启的儿子。

③须：等待。汭：河流的转弯处。

④尸位：古代享用祭祀的主位，这里指处于尊贵的地位。

⑤逸：安逸。豫：安乐。

⑥贰：怀有二心。

⑦盘游：娱乐游逸。盘：游乐。

⑧畋：打猎。表：指洛水的南面。

⑨反：同"返"。

⑩有穷：国名。有，名词词头，无义。后：君。羿：有穷国国君的名。

⑪距：拒。

⑫御：侍奉。

⑬俟：等待。

⑭述：遵循。

⑮皇祖：指夏的开国君主禹。皇，大。

⑯下：以……为低下，即贱视。

⑰一：全，都。

⑱怨：这里是自责的意思。明：昭彰。

⑲不见是图：即图不见。图，图谋，这里意为设法纠正。不见，细微而不易察知。见，同"现"。

⑳兆：十亿为一兆。

㉑懍：恐惧。索：绳索。驭：驾。

㉒敬：谦敬谨慎。

㉓作：作兴，即迷恋。色：女色。荒：迷乱。

㉔禽：鸟兽，这里指田猎。

㉕甘：美味，这里指纵饮。嗜：特别爱好。

㉖宇：屋宇。

㉗或：有的人。

㉘陶唐：指尧帝。尧初为唐侯，后为天子，定都陶地，故称陶唐氏。

㉙冀方：冀州地方。这里是以冀州代全国。

㉚底：致。

㉛明明：明而又明，即万分圣明。

㉜典：典章。则：法度。

㉝贻：留。

㉞关：交换。石：这里指人们日常生活和生产的必需品。和钧：即平钧。

㉟有：富有。

㊱绪：余绪，即前人留下的事业。

㊲覆：灭。绝：断。

㊳曷归：即归何。曷，何。

㊴畴：谁。

㊵郁陶：忧愁。

㊶颜厚：这里指面带愧色。忸怩：内心惭愧。

㊷虽：即使。

译文

夏王太康身居尊位而不理政事，因为放纵享乐而丧失德行，民众都怀有二心。太康游玩寻乐，没有节制，到洛水的南岸去田猎，一连百天都不返回。有穷国的君王后羿乘夏朝民众不堪忍受太康所作所为的机会，据守在黄河岸边阻止太康返回。太康的五个兄

▲ 夏王太康

弟侍奉他们的母亲跟随打猎，在洛河的转弯处等候太康。五个兄弟都怨恨太康，追述大禹的训诫而作诗歌。

第一首歌唱道："伟大的祖先大禹有训诫：民众只可以亲近，不可以疏远。民众是国家的根本，根本坚固国家才安宁。我观察天下，愚夫愚妇都可以超过我。一个人有许多过失，民众的怨恨难道非得到明显的时候才去考虑吗？应该在还没有显现时就加以考虑。我们面对亿万民众，就像用腐烂的绳子驾驭着六匹马一样，令人恐惧；在民众之上的君王，为什么不谨慎呢？"

第二首歌唱道："大禹的训诫有这样的话：在内所为迷惑于女色，在外所为迷恋于游猎，沉湎于美酒、音乐，身居高大的宫宇、还要绘饰宫墙。这几种情况如果染上一种，没

有不亡国的。"

第三首歌唱道:"那个陶唐帝尧,占有冀方一带。现在太康丧失了尧的治道,扰乱尧的法纪,才导致灭亡。"

第四首歌唱道:"我们万分英明的祖先大禹,是天下四方的共同君王。有常典、法则,留给他的子孙后代。关征赋税,计算平均;民众感到平和,朝廷也很充实。如今太康荒废丧失了祖先留下的事业,覆灭了宗庙,断绝了祭祀。"

第五首歌唱道:"唉呀,归向何方?我们怀念家乡,感到悲伤。天下四方的民众都怨恨我们,我们将依靠谁呢?我的神情抑郁忧伤,羞愧于色,内疚于心。平时不能谨慎自己的德行,虽然后悔,难道还能挽救吗?"

胤 征①

羲和湎淫②,废时乱日,胤往征之,作《胤征》。

惟仲康肇位四海③,胤侯命掌六师④。羲和废厥职,酒荒于厥邑⑤,胤后承王命徂征。

告于众曰:"嗟予有众⑥,圣有谟训⑦,明征定保⑧,先王克谨天戒⑨，臣人克有常宪⑩，百官修辅⑪，厥后惟明明，每岁孟春⑫，遒人以木铎徇于路⑬，官师相规⑭，工执艺事以谏⑮，其或不恭，邦有常刑。

"惟时羲和颠覆厥德，沈乱于酒⑯，畔官离次⑰倣扰天纪⑱，遐弃厥司⑲。乃季秋月朔⑳，辰弗集于房㉑，瞽奏鼓㉒，啬夫驰㉓，庶人走。羲和尸厥官罔闻知㉔，昏迷于天象，以干先王之诛㉕。政典曰：'先时者杀无赦㉖，不及时者杀赦。'"

"今予以尔有众，奉将天罚㉗。尔众士同力王室㉘，尚弼予钦承天子威命㉙。火炎昆冈㉚，玉石俱焚。天吏逸德㉛，烈于猛火。歼厥渠魁㉜，胁从罔治，旧染污俗，咸与维新㉝。呜呼！威克厥爱㉞，允济㉟；爱克厥威，允罔功。其尔众士，懋戒哉㊱！"

注　释

①本篇是胤侯奉命征伐羲和出征之前聚众誓师时的誓词。胤，诸侯国国名。

②羲和：羲氏和氏。自唐（尧）至夏，世代掌管四时之官。湎：沉溺于美酒。淫：过分。

③仲康：太康的弟弟，太康失去帝位后，羿立仲康为帝。肇：开始。位：同"莅"，到。这里是统治的意思。

④侯：君。六师：六军。当时统率六军者为大司马。

⑤邑：封地。

⑥嗟：感叹词。

⑦谟：谋略。

⑧征：应验。保：安，指安邦。

⑨天戒：上天的告诫，指天象变化，如日蚀、月蚀之类，古人认为是上天降祸的表示。

⑩常宪：常规法典。

⑪修：修职，即尽职。

⑫孟春：初春。孟，农历一季的第一个月。

⑬道人：官名，主管宣令。木铎：一种铃，铃体为金属质，铃舌为木质。古时宣布政令，沿途摇铃，以引起注意。徇：同"巡"。

⑭官师：诸官。规：规劝。

⑮工：百工，即各种工匠艺人。执：用。艺事：技艺规程。

⑯沈：同"沉"。

⑰畔：同"叛"。次：职位。

⑱俶：始。天纪：天时历法。

⑲遐：远。司：职责。

⑳季秋：秋季的最后一个月，即农历九月。季，一季的最后一个月。朔：农历每月初一。

㉑辰：指太阳与月亮相会之所。房：房宿，房星。

㉒瞽：本指盲人，这里指乐官。

㉓啬夫：掌管布帛之官。

㉔尸：主管。

㉕干：犯。诛：杀，这里指关于诛杀的法律。

㉖先时：先于天时。

㉗将：行将。天罚：上天的惩罚。

㉘同力：同心协力。

㉙尚：表示祈请的副词，有请、望的意思。

㉚昆冈：即昆山，古代著名的玉产地。

㉛天吏：天子的官吏。逸：错误。德：这里指行为。

㉜歼：歼灭，全部杀死。渠：大。

㉝与：允许。

㉞爱：爱心，这里指对亲爱者当杀而不杀的私心。

㉟允：确实，一定。济：成功。

㊱懋：勉力，努力。

译 文

　　羲氏与和氏无节制地饮酒作乐，废乱了天时和节令，胤侯奉命征讨他们。史官据此事撰写了这篇《胤征》。

　　夏帝仲康开始治理四海，胤侯受命掌管夏王的六师。羲和放弃他的职守，在他的私邑嗜酒荒乱。胤侯接受王命，去征伐羲和。

胤侯告诫军众说："啊！我的众位官长。圣人有谟有训，明白有验，可以定国安邦：先王能谨慎对待上天的警戒，大臣能遵守常法，百官修治职事辅佐君主，君主就明而又明。每年孟春之月，宣令官员用木铎在路上宣布教令，官长互相规劝，百工依据他们从事的技艺进行谏说。他们有不奉行的，国家将有常刑。

"这个羲和颠倒他的行为，沉醉在酒中，背离职位，开始搞乱了日月星辰的运行历程，远远放弃他所司的事。前些时候季秋月的朔日，日月不会合于房，出现日食。乐官进鼓而击，啬夫奔驰取币以礼敬神明，众人跑着供役。羲和主管其官却不知道这件事，对天象昏迷无知，因此触犯了先王的诛罚。先王的《政典》说：历法出现先于天时的事，杀掉无赦，出现后于天时的事，杀掉无赦。"

"现在我率领你们众长，奉行上天的惩罚。你等众士要对王室同心协力，辅助我认真奉行天子的庄严命令！火烧昆山，玉和石同样被焚烧；天王的官吏如有过恶行为，害处将比猛火更甚。消灭那个为恶的大首领，胁从的人不要惩治；旧时染有污秽习俗的人，都允许更新。

"啊！严明胜过慈爱，就真能成功；慈爱胜过严明，就真会无功。你等众士要努力要戒慎呀！"

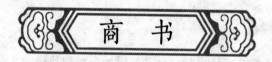

汤誓①

伊尹相汤伐桀②，升自陑③，遂与桀战于鸣条之野④，作《汤誓》。

王曰："格尔众庶⑤，悉听朕言⑥。非台小子⑦，敢行称乱⑧！有夏多罪，天命殛之⑨。今尔有众，汝曰：'我后不恤我众⑩，舍我穑事⑪，而割正夏⑫？'予惟闻汝众言，夏氏有罪，予畏上帝，不敢不正。今汝其曰⑬：'夏罪其如台⑭？'夏王率遏众力⑮，率自己的德行，虽然后悔，难道还能挽割夏邑⑯。有众率怠弗协⑰，曰：'时日曷丧⑱？予及汝皆亡！'夏德若兹，今朕必往。"

"尔尚辅予一人⑲，致天之罚，予其大赉汝⑳！尔无不信㉑，朕不食言，尔不从誓言。予则孥戮汝㉒，罔有攸赦㉓。"

注 释

①本篇是商汤出师征讨夏桀时的誓词即战争动员令。

②伊尹：名挚，商朝名臣。相：辅佐。桀：名履癸，禹的第十四代孙，夏朝最后一个君王。

③升：自下而上，这里指北上。陑：地名，在黄河以南，潼关附近。

④鸣条：地名，在黄河以北，安邑之西。

⑤格：呼语，意为"来吧"。众庶：诸位。

⑥悉：都。朕：我。自秦始皇起专用为帝王自称。

⑦台：我。小子：对自己的谦称。

⑧称乱：发难。称，举。

⑨殛：诛杀。

⑩后：国君。恤：关心体贴。

⑪穑事：农事。

⑫割：同"曷"，怎么，为什么。正：征。

⑬其：表揣测的语气副词，有恐怕、大概的意思。

⑭如台：如何。

⑮率：相率。遏：绝，尽。

⑯割：残酷剥削。邑：国。

⑰率：大都。协：和谐。

⑱时：这。日：喻夏桀。

⑲予一人：古代天子自称。

⑳赉：赏赐。

㉑无：不要。

㉒孥同"奴"，以……为奴。戮：杀。

㉓攸：所。

译文

伊尹辅佐商汤讨伐夏桀，从陑这个地方北上，后来就在鸣条的郊外同桀交火开战。出征的时候，商汤率众誓师，告诫将士。史官记下这一件事，撰写出《汤誓》。

王说："来吧，诸位将士，都来听听我的讲话。不是我这个平凡的人敢于犯上作乱，而是夏王犯下许多罪行，上天命令我去诛杀他。现在你们众人或许会责问我：'我们的君王根本就不关心体贴我们这些人，因为他把我们的耕种与收

▲ 商 汤

获这种关系国计民生的大事抛在一边，而去讨伐夏王，这究竟是为什么呢？'尽管我知道你们有这样的怨言，但是由于夏王有罪，我害怕上天发怒，也不敢不去讨伐他。现在你们大概还会进一步责问我：'夏王有罪，确实如此，但是他的罪究竟有多大呀？'让我来告诉你们吧。夏王一贯把沉重的劳役加在民众身上，把民力都消耗尽了，对民众的剥削非常残酷。使得民众懈怠涣散，与他关系很紧张，甚至诅咒他说：'你这颗红太阳什么时候才会坠落呀！我们宁愿跟你同归于尽！'夏国的世道已经败坏到这种地步，现在我非去讨伐它不可。"对于你们，我的希望和要求是：都来辅助我，施行上天对夏王惩罚。你们这样做了，我将重重地奖赏你们！你们不要不相信我的话，我是绝对不会不守信用，诺言自食的。如果你们不按誓言去做，我可要严厉惩罚你们，把你们降为奴隶，甚至杀死你们，对任何人也不会宽赦！"

仲虺之诰①

汤归自夏至于大坰②，仲虺作诰。成汤放桀于南巢③，惟有惭德。曰："予恐来世以台为口实。"

仲虺乃作诰，曰："呜呼！惟天生民有欲，无主乃乱，惟天生聪明时乂④。有夏昏德，民坠涂炭⑤，天乃锡王勇智⑥，表正万邦⑦，缵禹旧服⑧，兹率厥典⑨，奉若天命⑩。

"夏王有罪，矫诬上天⑪，以布命于下。帝用不臧⑫，式商受命⑬，用爽厥师⑭。简贤附势⑮，实繁有徒⑯。肇我邦于有夏，若苗之有莠⑰，若粟之有秕⑱。小大战战⑲，罔不惧于非辜⑳。矧予之德㉑，言足听闻。"惟王不迩声色㉒，不殖货利㉓。德懋懋官，功懋懋赏。用人惟己，改过不吝。克宽克仁，彰信兆民。"乃葛伯仇饷㉔，初征自葛，东征西夷怨，南征北狄怨，曰：'奚独后予？'㉕攸徂之民，㉖室家相庆，曰：'奚予后㉗，后来其苏㉘。'民之戴商㉙，厥惟旧哉㉚！佑贤辅德㉛，显忠遂良㉜；兼弱攻昧㉝，取乱侮亡㉞，推亡固存㉟，邦乃其昌。德日新，万邦惟怀；志自满，九族乃离。王懋昭大德，建中于民㊱，以义制事㊲，以礼制心，垂裕后昆㊳。予闻曰：'能自得师者王，谓人莫己若者亡㊴。好问则裕，自用则小㊵。'呜呼！慎厥终，惟其始。殖有礼㊶，覆昏暴。钦崇天道，永保天命。"

注 释

①本篇是仲虺劝勉成汤的诰词。仲虺，商王成汤的左相。诰，即告。

②大坰：地名。

③成汤：商朝的开国君主。由于他以武力灭夏，使商族立国获得成功，因而被称为成汤。成是谥号。放，流放。南巢，地名。

④时：是，这。乂：治理。

⑤坠：陷入。涂炭：烂泥与大火，这里比喻深重的灾难。

⑥锡：同赐。

⑦表正：表率，范例。

⑧缵：继承。服：实行。

⑨率：遵循。

⑩奉若天命：意思是符合天意，无可愧悔。

⑪矫：欺诈。诬：言话不实。

⑫用：因。臧：善。

⑬式：用。

⑭爽：丧。师：众庶。

⑮简：怠慢。

⑯繁：多。德：同类人。

⑰莠：杂草。

⑱秕：秕子，即不饱满的谷粒。

⑲战战：恐惧得发抖。

⑳罔：没有谁。非辜：无罪。

㉑矧：况且。

㉒迩：近。

㉓殖：这里是聚敛的意思。

㉔葛：国名。伯，伯爵。仇：仇视。饷：给在田间劳动的人送饭。相传，成伯与葛伯为邻，葛伯以没有牛羊、谷物做祭品为由而不祭祀鬼神，汤送给他牛羊，他却将牛羊吃了；汤又派人去帮他耕种，老人孩子去给田里的人送饭，他却带人去抢夺饭食，送饭的不让抢，他就把他们杀死。这就是《孟子·滕文公下》中说的"葛伯仇饷"。

㉕奚：何。后：指后讨伐。

㉖徂：往。句中"攸徂"指讨伐所到之处。

㉗奚：等待。后：君王。

㉘苏：死而复生。

㉙戴：拥戴。

㉚旧：久。

㉛佑：辅。

㉜显：显扬。遂：使……遂，即起用。

㉝兼：兼并。

㉞侮：轻慢。亡：指亡国之君。

㉟推：促使。存：指应该生存者。

㊱建：树立。中：中正之道。

㊲制：裁夺，控制。

㊳垂：流传。裕：指使百姓安居乐业的大理。后昆：后裔，子孙后代。

㊴莫己若：即莫若己。莫，没有谁。若，如，胜过。

㊵自用：自以为是。小：渺小。上文的“裕”与“小”相对，伟大的意思。

㊶殖：树立。

译文

汤讨伐夏桀后，从夏回国，中途到达大坰，仲虺作诰。

成汤灭夏，把夏桀放逐到了南巢，想想内心有些惭愧。说：“我害怕后世以我的行为为借口。”仲虺于是作了诰词。

仲虺说：“啊！上帝生下民众就有七情六欲。如果没有君王，社会就会混乱，因此上帝又生出聪明的人来治理民众。夏王桀昏乱德行，使民众陷于涂泥炭火之中，上帝于是赐予大王您勇敢和智慧，使您成为天下四方的表率，继承大禹过去的事业。遵循大禹的法典常规，尊奉顺从上帝的大命。

夏桀有罪，假托上天的旨意，对下面发号施令。上天因他不善，就用商来接受天命，因此夏桀失掉了他的广大臣民。怠慢贤德，依附权势，这种人确实有众多同伙。当初，我们邦国在夏王看来，就像混在禾苗中的野草，混在谷物中的空壳。我们商国上上下下都战战兢兢，无不害怕无罪而招祸。况且我们商的美德，说出来足以动人听闻。大王您不贪恋歌舞和女色，不聚敛金钱财物。对努力修德的人您就授予官职勉励他，对努力建功的人您就给予奖赏鼓励他。采用别人的意见就像自己的意见一样，改正过失毫不吝惜。能宽厚能仁慈，向万民昭示自己的诚信。葛伯仇恨杀死您派去给他馈赠之人，大王您初次征伐就从葛伯开始。之后，您向东征伐西方夷人就埋怨，向南征伐北方狄人就埋怨，他们说："为何唯独后征讨我们这里呢？"您所到之地的民众，家家户户相互庆贺，他们说："等待我们的君王吧，君王来了我们就能死而复生。'民众拥戴商汤，恐怕由来已久了啊！

"佑助贤德的诸侯，显扬忠良的诸侯；兼并懦弱的，讨伐昏暗的，夺取荒乱的，轻慢走向灭亡的。推求灭亡的道理，以巩固自己的生存，国家就将昌盛。

"德行日新不懈，天下万国就会怀念；志气自满自大，亲近的九族也会离散。大王要努力显扬大德，对人民建立中道，用义裁决事务，用礼制约思想，把宽裕之道传给后人。我听说能够自己求得老师的人就会为王，以为别人不及自己的人就会灭亡。爱好问，知识就充裕；只凭自己，闻见就狭小。

"啊！慎终要像它的开始。扶植有礼之邦，灭亡昏暴之国；敬重上天这种规律，就可以长久保持天命了。"

汤诰①

汤既黜夏命，复归于亳②，作《汤诰》。

王归自克夏③，至于亳，诞告万方④。王曰："嗟！尔万方有众，明听予一人诰。惟皇上帝⑤，降衷于下民⑥。若有恒性⑦，克绥厥猷惟后⑧。夏王灭德作威，以敷虐于尔万方百姓。尔万方百姓，罹其凶害⑨，弗忍荼毒⑩，并告无辜于上下神祇⑪。天道福善祸淫⑫，降灾于夏，以彰厥罪。

"肆台小子⑬，将天命明威⑭，不敢赦。敢用玄牡⑮，敢昭告于上天神后⑯，请罪有夏⑰。聿求元圣⑱，与之戮力⑲，以与尔有众请命。上天孚佑下民⑳，罪人黜伏㉑，天命弗僭㉒，贲若草木㉓，兆民允殖㉔。俾予一人辑宁尔邦家㉕，兹朕未知获戾于上下㉖，慄慄危惧㉗，若将陨于深渊㉘。

"凡我造邦㉙，无从匪彝㉚，无即慆淫㉛，各守尔典，以承天休㉜。尔有善，朕弗敢蔽；罪当朕躬㉝，弗敢自赦，惟简在上帝之心㉞。其尔万方有罪，在予一人；予一人有罪，无以尔万方㉟。呜呼！尚克时忱㊱，乃亦有终㊲。"

![注释]

①本篇是汤向万方诸侯申述伐桀的道理的诰词。

②亳：地名，汤的国都，故址在今河南省商丘县。

③克：战胜。

④诞：大。

⑤皇：大。

⑥衷：善。

⑦若：须从。恒性：常性。

⑧绥：安稳。猷：道，法则。后：君王。

⑨罹：遭遇。

⑩荼毒：残害。

⑪祇：地神。

⑫福善：降福给好人。祸淫：降祸给坏人。淫，邪恶。

⑬肆：因此。台：我。

⑭将：奉行。威：上天的威严。

⑮玄牡：黑色公牛。

⑯后：后土，指土神。

⑰罪：降罪。

⑱聿：于是。元圣：大圣贤，指伊尹。

⑲戮力：合力。

⑳孚：为众人所信服。

㉑黜伏：逃跑屈服。

㉒僭：差错。

㉓贲：文饰。

㉔允：因此。殖：生。

㉕俾：使。辑：和睦。

㉖兹：此，指伐桀之事。戾：罪。

㉗慄慄：畏惧的样子。

㉘陨：坠落。

㉙造：建立。

㉚无：不要。匪：非。彝：法度。

㉛慆淫：享乐过度。

㉜休：美善，吉祥。

㉝躬：自身。

㉞简：考察。

㉟以：用。

㊱尚：表示希望的副词。时：这。忱：诚信。

㊲终：善终，好的结局。

译 文

汤推翻夏的统治之后，返回都城亳地，这时他发表了一篇诰词，即《汤诰》。

汤王打败夏桀之后，自夏返回商都亳地，发表一篇诰词，庄严通告各国诸侯。汤王说："唉！你们各国将士和百姓，都静听我的告诫。伟大的天帝，降福给下民，并告诫我们，顺从人们的恒常天性，才是做国君的正道，国君要用为君之道教化天下人。夏王败坏德政，滥施酷刑，对你们各国的百姓实行暴政；你们各国的百姓，深受夏王暴行的残害，由于忍无可忍，纷纷向天地神灵诉说自己无辜而遭受残害的惨状。上天对待下民的准则是降福给良善的人，降祸给邪恶的人，因此，上天便给夏王降下灾祸，暴露他的罪恶。"由于这个原因，我才去奉行天命讨伐夏王，来显示上天的威严，而不敢宽赦他的罪行。我冒昧地用黑色公牛作为供品进行祭祀，把夏王的罪行明明白白地报告给天地神灵，请求神灵惩罚夏王。这样，我才得到伟大的圣贤伊尹，与他同心协力，请求神灵保全你们众人的性命。由于上天信任并保佑下民，罪人夏桀终于逃跑了，屈服了。天命是不会有误的，惩罚夏王之后，天下像繁茂的草木一样光明灿烂，亿万百姓也因此而重获生机。上天让我使你们的国家和谐安宁，这次讨伐夏王，我不知道自己对天地神灵是否犯有过失，因而内心十分恐惧，有一种将要坠入深渊的感觉。凡是我所分封的诸侯，不得实行违背常规的法度，不得过分追求享乐，都要遵守你们的常法，等待承受上天恩赐的福泽。你们有善行，我不敢掩盖抹杀；我本人有罪，我不敢自我宽恕。因为这一切上天已经明察并牢记在心了。如果你们各国诸侯犯了罪，一切罪责都应由我一人承当；如果我本人有罪，则无须你们各国诸侯分担罪责。啊！但愿我的这种诚信，能够有一个美好的结局。"

周 书

泰誓上①

惟十有一年②，武王伐殷。一月戊午③，师渡孟津④，作《泰誓》三篇。

惟十有三年春，大会于孟津。

王曰："嗟！我友邦冢君越我御事庶士⑤，明听誓⑥。惟天地万物父母⑦，惟人万物之灵⑧。亶聪明⑨，作元后⑩，元后作民父母。

"今商王受⑪，弗敬上天，降灾下民。沈湎冒色⑫，敢行暴虐，罪人以族⑬，官人以世⑭，惟宫室、台榭陂池、侈服⑮，以残害于尔万姓。焚炙忠良⑯，刳剔孕妇⑰。皇天震怒，

107

命我文考⑱，肃将天威⑲，大勋未集⑳。

"肆予小子发㉑，以尔友邦冢君，观政于商㉒。惟受罔在悛心㉓，乃夷居㉔，弗事上帝神祇㉕，遗厥先宗庙弗祀㉖。牺牲粢盛㉗，既于凶盗㉘。乃曰：'吾有民有命！'罔惩其侮㉙。天佑下民，作之君㉚，作之师，惟其克相上帝㉛，宠绥四方㉜。有罪无罪，予曷敢有越厥志㉝？

"同力度德㉞，同德度义。受有臣亿万，惟亿万心㉟；予有臣三千，惟一心。商罪贯盈㊱，天命诛之。予弗须天，厥罪惟钧㊲。予小子夙夜祇惧㊳，受命文考㊴，类于上帝㊵，宜于冢土㊶，以尔有众，底天之罚㊷。天矜于㊸民，民之所欲，天必从之。尔尚弼予一人㊹，永清四海㊺。时哉弗可失！"

注 释

①《泰誓》三篇是周武王伐纣的誓师词。上篇武王大会诸侯于孟津的誓师词，内容主要是宣布商纣王的罪行，申明伐纣是顺天保民的正义之举，坚信正义之师必胜；中篇是武王率领军队渡过孟津，驻扎在黄河北岸后的誓师词，内容主要从天意和人事两方面说明伐纣必定会取得胜利，勉励全军将士同心协力，在战争中建功立业；下篇是讨伐大军出发前的誓师词，内容主要是再次列举纣王的罪行，重申伐纣是顺天保民的正义之举，号令全军将士同仇敌忾，英勇果敢地消

灭敌军。泰：通太，即大。

②十有一年：周历文王十一年。

③一月戊午：十三年正月二十八日。

④师：军队。孟津：黄河古渡口名，在今河南省孟津县。津，渡口。

⑤友：同志为友。冢君：指众诸侯。冢，大。越：和。御事庶士：各级官员。御，管理；庶，众。

⑥明听：细听。

⑦天地万物父母：即"天地，万物之父母"。古人认为天地生成万物，所以是万物的父母。

⑧灵：灵物，即智慧最高者。

⑨亶：真，诚。聪明：指聪明的人。

⑩元后：大君。元，大。后，君。

⑪受：商纣王名。

⑫冒：贪。

⑬罪：惩罚。族：灭族。

⑭官：任用。世：父子相继为世。

⑮台榭：建在高台上的屋。陂池：池塘。侈服：华丽的服饰。

⑯焚炙：烧。指纣王的炮烙酷刑。

⑰刳：剖开躯体。剔：分解骨肉。

⑱文考：指文王。考，死去的父亲。

⑲将：施行。

⑳勋：功业。集：成功。

㉑肆：从前。发：武王名。

㉒观政：观察政情。

㉓悛：悔改。

㉔夷居：傲慢无礼。夷，倨傲。

㉕事：事奉。

㉖遗：弃。

㉗牺牲：古时祭祀用的祭品的通称。毛色纯为牺，肢体全为牲。粢盛：盛放在祭器中的黍稷。粢，古代供祭礼用的谷物。

㉘既：尽。凶：恶人。

㉙惩：制止。侮：傲慢。

㉚作之君：为之立君。作，立。

㉛相：辅佐。

㉜宠：爱。绥：安。

㉝越：远，违背。

㉞同力：力量相等。度：衡量。

㉟亿万心：亿万条心，即人心不齐。

㊱贯：串，成串。盈：满。

㊲钧：同"均"，相等。

㊳夙夜：早晚。惧：恭谨戒惧。祗：敬。

㊴受命文考：从先父文王那里继承伐纣的使命。

㊵类：祭祀名，一种因特别事故而举行的临时性祭祀。

㊶宜：祭社曰宜。社，土神。冢土：即大社。

㊷底：施行。

㊸矜：怜悯。

㊹尚：希望。弼：辅佐。

㊺永清：使……永远清明。

译 文

周历十一年，周武王起兵伐商。十三年正月戊午日，军队从孟津渡过黄河。史官记录此事，作《泰誓》三篇。

周武王十三年春天，诸侯大会于孟津。

武王说："啊！我的友邦大君和我的治事大臣、众士们，请清楚地听取我的誓言。天地是万物的父母，人是万物中的灵秀。真聪明的人就作大君，大君作人民的父母。现在商王纣不尊敬

▲ 周武王起兵伐商

上天，降祸灾给下民。他嗜酒贪色，敢于施行暴虐，用灭族的严刑惩罚人，凭世袭的方法任用人。宫室呀，台榭呀，陂池呀，奢侈的衣服呀，他用这些东西来残害你们万姓人民。他烧杀忠良，解剖孕妇。皇天动了怒，命令我的文考文王严肃进行上天的惩罚，可惜大功没有完成。从前我小子姬发和你们友邦大君到商邦考察政治，商纣没有悔改的心，他竟然傲慢不恭，不祭祀上帝神祇，遗弃他的祖先宗庙而不祭祀。牺牲和粢盛等祭物，也被凶恶盗窃的人吃尽了。他却说：'我有人民有天命！'不改变他侮慢的心意。

"上帝佑助天下万民，为他们选立了君王，为他们选立了百官，因为他们能够辅助上帝，爱护和安定四方。是否有罪，如何处置，我怎么敢超越上帝的意志呢？同力行道，量度德之所得；共同行德，量度义之所宜。商王纣有臣下亿万，却有亿万条心；我只有臣下三千，却只有一条心。商纣恶贯满盈，上帝命令诛杀他，我若不顺应上帝，我的罪行就和商纣王相同。

"我早晚敬慎畏惧。承受先父文王的灭商大命，祭祀上帝，祭祀社稷，率领你们诸位，奉行上帝的惩罚。上帝怜悯民众，民众的愿望，上帝一定会顺从。希望你们辅助我，永远清洁天下。时机啊，千万不能失去！"

泰誓中

惟戊午，王次于河朔①。群后以师毕会②，王乃徇师而誓曰③："呜呼！西土有众④，咸听朕言。我闻吉人为善⑤，惟日不足⑥；凶人为不善，亦惟日不足。今商王受，力行无度⑦，播弃犁老⑧，昵比罪人⑨。淫酗肆虐，臣下化之⑩，朋家作仇⑪，胁权相灭⑫。无辜吁天，秽德彰闻⑬。

"惟天惠民⑭，惟辟奉天⑮。有夏桀弗克若天⑯，流毒下国。天乃佑命成汤，降黜夏命⑰。惟受罪浮于桀⑱。剥丧元良⑲，贼虐谏辅⑳。谓己有天命，谓敬不足行，谓祭无益，谓暴无伤㉑。厥监惟不远㉒，在彼夏王。天其以予乂民㉓，朕梦协朕卜㉔，袭于休祥㉕，戎商必克㉖。受有亿兆夷人㉗，离心离德；予有乱臣十人㉘，同心同德。虽有周亲㉙，不如仁人㉚。

"天视自我民视，天呼自我民听。百姓有过㉛，在予一人，今朕必往。

"我武维扬㉜，侵于之疆㉝，取彼凶残㉞。我伐用张㉟，于汤有光㊱。

"勖哉[37]，夫子[38]！罔或无畏[39]，宁执非敌[40]。百姓懔懔[41]，若崩厥角[42]。呜呼！乃一德一心[43]，立定厥功，惟克永世。"

注释

①次：驻扎。河朔：黄河北岸。朔，北。

②毕：都，全。

③徇：巡视。

④西土：西方。众：指众将士。

⑤吉人：善良的人。

⑥惟日不足：终日去做还嫌不够。

⑦力：竭力。无度：不合法度，指违反法度的事。

⑧播：普遍，广泛。耇老：老人。

⑨昵、比：亲近。

⑩化：因事物发生变化而具有某种性质或达到某种状态。这里指臣下受纣王的影响也渐渐变成"淫酗肆虐"者。

⑪朋家：结党。作仇：互相仇视、敌对。

⑫胁：挟。

⑬秽德：指纣王的肮脏丑恶的德行。秽，肮脏，丑恶。彰：显。闻：传布。

⑭惠：爱。

⑮辟：君王。

⑯若：顺从。

⑰黜：废止。

⑱浮：超过。

⑲剥：伤害。丧：流亡国外。

⑳贼：杀害。虐：残害。辅：指辅臣即大臣。

㉑伤：妨碍。

㉒监：通"鉴"，镜子。

㉓乂：治理。

㉔协：符合。

㉕袭：重复，相同。休祥：吉祥。休，吉床。

㉖戎：征讨。克：胜。

㉗夷人：平人，庸人。

㉘乱：治。反义为训。十人：指周公旦、召公、太公望、毕公、荣公、太颠、散宜生、南宫适、邑姜十位辅佐过周文王和周武王的大臣。

㉙周：至。

㉚仁人：仁爱德高的人。

㉛过：动词，责难。

㉜武：武力。扬：发扬，显示。

㉝侵：进入。

㉞取：擒获。凶残：凶恶残暴的人，这里指商纣王。

㉟用：取得。张：大，指辉煌战果。

㊱于：比，光：光辉。

㊲勖：努力。

㊳夫子：对将士的称呼。

㊴罔：不要。无所畏惧，意为轻敌。

㊵执：保持。非敌：不是对手；这里是自指。

㊶懔懔：恐惧不安的样子。

㊷厥角：叩头。厥，顿，叩。角，额角，这里指头。

㊸一德一心：即同心同德。德，信念。

译文

戊午日，武王大军屯扎在黄河北岸。诸侯率领军队都来会合，武王于是巡行各军并发表誓词说："啊！西方的众位将士，都听我讲话。我听说善良的人做好事，整天做还怕时日不够，凶恶的人做坏事，也整天做还怕时日不够。现在商王受，竭力去做不合法度之事，一律抛弃德高望重的老臣，亲近罪恶的小人。过度酗酒、恣意暴虐，臣下也为其所化而变坏，各自结成朋党，互为仇敌，挟持权力互相诛灭。无辜之人向上天呼冤诉苦，纣王秽恶的行径，昭彰天下。

　　"上天慈爱下民，君王应该尊奉天意。夏桀不能顺从天意，流传毒害于天下各国。上天就帮助并命令成汤，降下废除夏朝的命令。殷王受之罪恶超过夏桀，他伤害驱逐善良的大臣，残害直言的辅臣。认为自己享有天命，说敬天不值得实行，说祭祀是无益的，残暴没有妨碍。他的借鉴并不遥远，就在夏王桀身上。上天大约是用我去治理民众，我的梦与我的占卜相符，重合吉祥，征伐殷商必定胜利。殷王受有亿兆平庸之臣，都离心离德；我有治世大臣十人，都同心同德。纣王虽有至亲，不如我有仁人。

　　"上天所见来自我们民众所见，上天所闻来自我们民众所闻。百姓责难抱怨我，现在我一定要前往伐商纣。我们的武力要发扬，攻进商的疆界，去捉取那些凶恶的人。我们的讨伐因此而张大，这比成汤的事业还辉煌。努力吧！将士们。不要有人轻敌，宁可抱有敌人非我所能敌的思想。百姓恐惧不安，他们叩头像山崩一样响。啊！你们要同心同德，建立自己的功业，就能永垂后世。"

泰誓下

时厥明①，王乃大巡六师②，明誓众士③。

王曰："呜呼！我西土君子，天有显道④，厥类惟彰⑤。今商王受，狎侮五常⑥，荒怠弗敬⑦。自绝于天⑧，结怨于民。斫朝涉之胫⑨，剖贤人之心⑩，作威杀戮，毒痡四海⑪。崇信奸回⑫，放黜师保⑬，屏弃典刑⑭，囚奴正士⑮，郊社不修⑯，宗庙不享⑰，作奇技淫巧以悦妇人⑱。上帝弗顺，祝降时丧⑲。尔其孜孜⑳，奉予一人，恭行天罚㉑。

"古人有言曰：'抚我则后，虐我则仇。'独夫受洪惟作威㉒，乃汝世仇㉓。树德务滋㉔，除恶务本，肆予小子诞以尔众士殄歼乃仇㉕。尔众士其尚迪果毅㉖，以登乃辟㉗。功多有厚赏，不迪有显戮㉘。

"呜呼！惟我文考若日月之照临，光于四方㉙，显于西土㉚，惟我有周诞受多方㉛。予克受，非予武㉜，惟朕文考无罪㉝；受克予，非朕文考有罪，惟予小子无良㉞。"

注 释

①厥明：戊午日的明日。

②六师：六军，这里泛指讨商大军。

③众士：众将士。

④显道：彰明昭著的法度。

⑤类：法度，法则。彰：显扬。

⑥狎侮：轻慢。五常：五种常行的人伦准则，即父义、母慈、兄友、弟恭、子孝。又称五典。

⑦敬：敬重，敬畏。

⑧自绝：做了对不起人的事又不肯悔改，从而自行断绝了与对方的关系。

⑨斩朝涉之胫：相传纣王见有人在冬季的早晨涉水，认为此人的小腿耐寒，便下令砍下来让他看看。斩砍断；胫，小腿。

⑩贤人：这里指比干。比干乃纣王的叔父，曾任少师，相传屡谏纣王，被剖心而死。

⑪毒：伤害。

⑫回：邪。

⑬放黜：放逐、罢免。黜：罢除。师保：太师和太保。

⑭屏：除去。典型：常法。典，常。刑，法。

⑮奴：使为奴，正士：这里指箕子。相传比干被剖心之后，箕子害怕了，便佯装发疯而甘为人奴，纣王知道后又把他囚禁起来（先前箕子曾被囚禁过）。

⑯郊社：郊，祭天；社，祭地。修：治，做。

⑰享：祭祀。

⑱奇技淫巧：指纣王的各种荒淫之举。妇人：指妲己。

⑲祝：断然。时：是，这。丧：惩罚。

⑳孜孜：努力不倦的样子。

㉑恭：奉行。

㉒独夫：众叛亲离的人，这时指纣王。洪：大。

㉓世仇：大仇敌。

㉔滋：培埴，增长。

㉕诞：大。以：用，率领。殄歼：歼灭。

㉖迪：用。果毅：果敢而坚决。

㉗登：成就。辟：君。

㉘迪：行，进。

㉙光：光辉。

㉚显：昭著。

㉛受：亲近。

㉜武：勇武。

㉝罪：过失。

㉞良：好。

时在戊午日的第二天，周武王大规模地巡视西方诸侯的军队，向众将士发表誓言。

王说："啊！我西方的将士们，上天有显明的常理，那些法则应当宣扬。如今商王受轻忽侮慢五常，荒废懈怠，很不重视。自弃于上天，又与老百姓结下怨恨。他砍断冬天涉水者的脚胫，剖开贤人的心脏，作威杀戮，毒害天下。他推崇宠信奸邪小人，放逐贬黜大臣，屏弃常法，囚禁奴辱正士，祭天祭地的大典不举行，祖庙不去祭祀，做些奇技荒淫新巧的事来取悦妇人。上帝不依，断然降下这丧亡的诛罚。你们应该奋勇努力，帮助我一人，去奉行上天的惩罚。

"古人有话说：'抚爱我们的就是君主，虐待我们的就是仇敌。'独夫受大事维护作恶的人，是你们当世的仇敌。建树美德，力求滋长，清除邪恶，力求除根，所以我率领你们众将士去歼灭你们的仇敌。你们众将士要做到果敢坚毅，来成就你们的君主。功劳多的有重赏，不能做到果敢坚决的有明显的惩罚。

"啊！我先父文王的德政好像日月照临，光辉普及四方，在西方国家尤其显著。因此我们周国很爱护众诸侯国。如果我战胜纣，并不是我勇武，只因我的先父文王没有过失；如果纣战胜我，并不是我的先父有过失，只因为我不善。"

牧 誓①

　　武王戎车三百两②，虎贲三百人③，与受战于牧野④，作《牧誓》。

　　时甲子昧爽⑤，王朝至于商郊牧野⑥，乃誓。王左杖黄钺⑦，右秉白旄以麾⑧，曰："逖矣⑨，西土之人！"王曰："嗟！我友邦冢君御事⑩，司徒、司马、司空⑪、亚旅、师氏⑫、千夫长、百夫长⑬，及庸、蜀、羌、髳、微、卢、彭、濮人⑭，称尔戈⑮，比尔干⑯，立尔矛⑰，予其誓⑱。"

　　王曰："古人有言曰：'牝鸡无晨⑲；牝鸡之晨⑳，惟家之索㉑。'今商王受惟妇言是用㉒，昏弃厥肆祀弗答㉓，昏弃厥遗王父母弟不迪㉔，乃惟四方之多罪逋逃㉕，是崇是长㉖，是信是使㉗，是以为大夫卿士㉘。俾暴虐于百姓㉙，以奸宄于商邑㉚。今予发惟恭行天之罚㉛。今日之事，不愆于六步七步㉜，乃止齐焉㉝。夫子勖哉㉞！不愆于四伐、五伐、六伐、七伐^㉟，乃止齐焉。勖哉夫子！尚桓桓^㊱，如虎如貔^㊲，如熊如罴^㊳，于商郊^㊴。弗迓克奔以役西土^㊵。勖哉夫子！尔所弗勖^㊶，其于尔躬有戮^㊷！"

注 释

①本篇是周武王在牧野与商纣王的军队决战前发表的誓师词。内容主要是叙述武王的战略部署，和公布纣王的罪行，宣布战时纪律。牧，指牧野，商都朝歌郊区地名，在朝歌南七十里，位于今河南省淇县南部。

②戎车：战车。两：同"辆"。

③虎贲：勇士。三百人：《史记》作"三千人"。此数较为可信。

④受：商纣王名。

⑤甲子：甲子日，昧爽：日未出，天刚亮之时。

⑥朝：早晨。

⑦杖：持。钺：兵器名，大斧。

⑧秉：执。白旄：白旄牛尾。麾：指挥。

⑨逖：远。

⑩冢君：大君，指邦国君主，冢，大。御事：指邦国的大臣。御，治，管理。

⑪司徒、司马、司空：官名。司徒掌管民事，司马掌管兵事，

司空掌管土地。

⑫亚旅、师氏：官名。亚旅为上大夫，师氏为中大夫。

⑬千夫长、百夫长：官名。千夫长为师的长官，百夫长为旅的长官。

⑭庸、蜀、羌、髳、微、卢、彭、濮：当时周族西南方的八个诸侯国。在今湖北、四川、甘肃、陕西一带地方。

⑮称：举起。尔：你们的。戈：古代兵器名，横刃，长柄。

⑯比：排列。干：古代兵器名，盾牌。

⑰矛：古代兵器名，直刺，长柄。

⑱誓：宣读誓词。

⑲牝：雌性的。

⑳牝鸡之晨：意思是如果母鸡早晨打鸣。

㉑索：空，衰落。惟家之索，助词"之"使宾语前置，实即"惟索家"。

㉒妇：指妲己。用：听。

㉓昏：轻蔑，蔑视。肆：祭祀名，对祖先的祭礼称肆。答：问，管。

㉔遗：舍弃。王父母弟：指同祖父母的从弟，即堂兄弟。迪：用。

㉕多罪：指犯有重罪的人。逋：逃亡。

㉖崇、长：推崇、尊敬。

㉗信：信任。使：任用。

㉘大夫、卿士：官名。

㉙俾：使、让。

㉚奸宄：犯法作乱。乱于内为奸，乱于外为宄。

㉛发：周武王名。

㉜愆：超过。

㉝止齐：等待队伍走整齐，防止轻率冒进。止，等待。

㉞夫子：对将士的称呼。勖：勉力，努力。

㉟伐：击刺。一击一否则为一伐。

㊱桓桓：威武的样子。

㊲貔：豹类猛兽。

㊳罴：熊的一种。

㊴于：往。

㊵迓：御，禁止。役：帮助。西土：指周。

㊶所：若，如果。

㊷躬：身。戮：杀。

译　文

　　周武王出动战车三百辆，勇士三千人，在牧野与商王受打仗，史官记录下这桩史实，写出《牧誓》。

　　在甲子日的黎明时分，周武王率领军队来到商都城郊的牧野，举行誓师仪式，并发表誓师词。武王左手持黄色大斧，右手持白色旄牛尾，以指挥全军。他说："远劳了啊，从西方来的人们！"又说："啊！我们友邦的国君和辅佐国君处理政务的大臣，司徒、司马、司空、亚旅、师氏，千夫长、百夫长，以及庸、蜀、羌、髳、微、卢、彭、濮的人们，举起你们的戈，排好你们的盾，树起你们的矛，我要发表誓师词了！"

武王说："古人有句名言，说：'母鸡早晨是不打鸣儿的；一旦母鸡早晨打鸣儿，这户人家就要败落。'如今，商王受却唯妇人之言是听，轻蔑地对待祖宗祭祀，对祭祖之礼不闻不问；轻蔑地对待同祖兄弟，对他们不予任用。可是他对四方犯有重罪的逃犯，竟然那样推崇，那样尊敬，那样信任，那样重用，让他们担任大夫、卿士这类要职，使他们得以残暴地对待百姓，在商到处犯法作乱。现在，我姬发要严肃地对他施行上天的惩罚。今天的战事要求是：行进时，不超过六七步，就要停下来，等待队伍走整齐。将士们，努力吧！刺击时，不超过四次、五次、六次、七次，就要停下来，等待阵容排整齐。努力吧，将士们！希望你们姿态威武雄壮，像虎像貔，像熊像罴一样，奔向商都的郊野。不要拒绝跑来投降，给我们周族以帮助的人。努力吧，将士们！你们如果敢不奋力向前，我就要惩罚你们，把你们杀掉！"

武　成①

武王伐殷。往伐归兽②，识其政事③，作《武成》。

惟一月壬辰④，旁死魄⑤。越翼日⑥，癸巳⑦，王朝步自周⑧，于征伐商⑨。

厥四月，哉生明⑩，王来自商，至于丰⑪。乃偃武修文⑫，归马于华山之阳⑬，放牛于桃林之野⑭，示天下弗服⑮。

丁未⑯，祀于周庙，邦、甸、侯、卫⑰，骏奔走⑱，执豆、笾⑲。越三日⑳，庚戌，柴、望㉑，大告武成㉒。

既生魄㉓，庶邦冢君暨百工㉔，受命于周㉕。

王若曰㉖："呜呼，群后㉗！惟先王建邦启土㉘，公刘克笃前烈㉙。至于大王肇基王迹㉚，王季其勤王家㉛。我文考文王，克成厥勋，诞膺天命㉜，以抚方夏㉝。大邦畏其力，小邦怀其德。惟九年，大统未集㉞，予小子其承厥志。底商之罪㉟，告于皇天后土、所过名山大川㊱，曰㊲：'惟有道曾孙周王发㊳，将有大正于商㊴。今商王受无道，暴殄天物㊵，害虐烝民㊶，为天下逋逃主㊷，萃渊薮㊸。予小子既获仁人㊹，敢祗承上帝㊺，以遏乱略[46]。华夏蛮貊[47]，罔不率俾[48]。恭天成命[49]，肆予东征[50]，绥厥士女[51]。惟其士女，篚厥玄黄[52]，昭我周王[53]。天休震动[54]，用附我大邑周[55]。惟尔有神[56]，尚克相予以济兆民[57]，无作神羞[58]！"

"既戊午[59]，师逾孟津[60]。癸亥[61]，陈于商郊[62]，俟天休命[63]。甲子昧爽[64]，受率其旅若林[65]，会于牧野。罔有敌于我师[66]，前途倒戈[67]，攻于后以北[68]，血流漂杵[69]。

"一戎衣[70]，天下大定。乃反商政[71]，政由旧[72]。释箕子囚，封比干墓[73]，式商容闾[74]。散鹿台之财[75]，发钜桥之粟[76]，大赉于四海[77]，而万姓悦服。"

列爵惟五[78]，分土惟三[79]。建官惟贤[80]，位事惟能[81]。重民五教[82]，惟食丧祭[83]。惇信明义[84]，崇德报功[85]。垂拱而天下治[86]。

注 释

①本篇主要记述周武王伐商大功告成后的重要政事。武，武功。成，成就。

②往伐：前往伐商。归兽：归来巡狩。兽，同"狩"。

③识：记。

④壬辰：壬辰日。

⑤旁死魄：月亮大部分无光。旁，广大；死，失；魄，月光。

⑥越：及。翼日：第二天。

⑦癸巳：癸巳日。

⑧朝：早晨。步：行，走。周：指周都镐京。

⑨于：往。

⑩哉生明：月亮开始发光。哉，始。

⑪丰：文王时周都，这里有周的先王庙。

⑫偃：停止。武：指武备。修：治。文：指文德教化。

⑬阳：山之南为阳。

⑭桃林：地名，在今河南省灵宝市西。

⑮服：使用。

⑯丁未：丁未日。

⑰邦：邦国。甸、侯、卫：即甸服、侯服、卫服。这里是举甸、侯、卫代六服诸侯。周把王室周围的土地按距离远近划分为六等服役地区，称为六服，即侯服、甸服、男服、采服、卫服、蛮服。服，劳役。

⑱骏：疾速。

⑲豆、笾：两种古代祭器。

⑳三日：第三天。

㉑柴：祭名。即烧柴祭天，因烧柴而得名。望：祭名。专用于祭祀山川，因望而祭之，故称"望"。

㉒大：大力，广泛。

㉓既生魄：月圆之后。

㉔庶邦：众诸侯国。庶，众。暨：和。百工：指百官。

㉕命：指政命。

㉖若：这样。

㉗群后：指众诸侯。后，君。

㉘先王：指周先祖后稷。后稷未称王，称其为王，是表示对祖先的尊仰。启土；开疆拓土。启，开。

㉙公刘：后稷的曾孙。公刘对成就前人的功业，振兴周族，曾做出重大贡献。笃：治理。厥：功业。

㉚大王：指太王古公父，文王的祖父。肇基：开始，开创。

㉛王季：文王的父亲。王家：王家的事业。

㉜诞：大。膺：受。

㉝方夏：四方中夏。

㉞大统：指统一天下的大业。集：成。

㉟底：致，传达。

㊱皇天后土：古代天地合称，这里指天地神灵。

㊲曰：下面的话是武王的告神词。

㊳有道：武王自以为伐纣是为民除害，替天行道，故自称有道。曾孙：祭祀时诸侯自称之辞。

㊴大正：大政，即大的政治举动。正，同"政"。

㊵暴殄天物：任意糟蹋东西。殄，灭绝；天物，指各种

自然物。

㊶民：百姓。众多。

㊷逋逃主：天下逃亡罪犯的魁首。逋，逃亡。

㊸萃：聚集。渊薮：本指鱼兽聚居之处，这里比喻天下罪人都归向纣，如鱼聚集于深渊，如兽聚集于广薮。渊，深潭；薮，无水的泽。

㊹仁人：仁爱德高之人，这里指周公等大臣。

㊺祗：敬。

㊻遏：制止。略：谋。

㊼华夏：指中原地区各国。蛮：古代对南方少数民族的蔑称。貊：古代对北方少数民族的泛称。蛮貊，这里是对四方少数民族的泛称。

㊽俾：从。

㊾恭：奉行。成命：定命，这里指灭商。

㊿肆：所以。东征：周在西方，商在东方，伐商是向东进军，故称东征。

(51)绥：安。士女：古代男女的合称。

(52)篚：本指竹筐，这里用作动词，意为用竹筐盛东西。玄黄：指玄、黄二色丝绸。

(53)昭：见。

(54)天休，指天赐福佑。指美意或善意。震动：指震动民心。

(55)用：因而。附：归附。大邑：大国。

(56)神：指众神。

(57)相：帮助。

(58)无：不要。作：使。神：这里是神灵的意思。羞：辱。

(59)戊午：戊午日。

(60)逾：渡过。孟津：古代黄河渡口名，在今河南省孟津县。津，渡口。

(61)癸亥：癸亥日。

(62)陈：同“阵”，这里用作动词，布阵。

(63)俟：等待。

(64)甲子：甲子日。昧爽；天将明未明的时刻。

(65)若林：如林，这里是极言军队人数之多。相传纣王军队人数有七十万。

(66)敌：动词，抵挡。

(67)前途：指前军。

(68)北：败。

(69)杵：舂米用的木杵，这里指武器。

(70)戎衣：指伐商。戎，兵：这里用作动词，征伐。衣，通“殷”。

(71)反：改变。商政：指纣的暴政。

⑫旧：指商代先王之善政。

⑬封：修治。

⑭式：同"轼"，本指车前的横木，这里用作动词，礼敬的意思。商容：商代贤人。间：里巷的门，这里指商容的故居。

⑮鹿台：府库名。相传纣聚敛的资财都聚集在这里。

⑯钜桥：仓库名。

⑰赉：赏赐。

⑱五：五等爵位，即公、侯、伯、子、男。

⑲分土为三：列地封国，分为三等，即公侯方百里，伯七十里，子男五十里。

⑳建：选任。

㉑位：安排。事：指理事的众吏。

㉒五教：五伦常之教，即父义、母慈、兄友、弟恭、子孝。又称五常、五典。

㉓食、丧、祭：即民食、丧礼、祭祀。

㉔惇：厚。明：显扬。

㉕崇：尊崇。报：报答。

㉖垂拱：垂衣拱手。这里是比喻武王治国有方，天下很快就走向大治。治：太平。

在周武王征伐殷商的过程中，史官记录下从前往征伐到归来巡狩期间所发生的大事，撰写出《武成》。

一月壬辰日这一天，月亮大部黯然无光。到第二天癸巳日，武王一早就从镐京率军出发，前往伐商。

四月间，当月亮刚开始放出光辉的时候，武王就从商地归来，到达丰邑。从此之后，他就停止武备，收起刀枪，开始治理文明，施行教化，把战马都放归华山的南坡，把役牛都送往桃林的旷野，清楚地向天下表明，从此再不使用它们从事征战了。

四月丁未日，武王到周庙举行祭礼，甸服、侯服、卫服等六服的诸侯们，都忙碌地东奔西走，有的陈放木豆，有的摆置竹笾，前来助祭。到第三天庚戌日，又举行柴祭礼来祭祀上天，举行望祭礼来祭祀山川，——向诸神报告伐商的武功已经大获全胜。

月圆之后，四方诸侯和文武百官都来到周京，接受周王的政命。

周王向众人说："唉呀，各邦国的大君们！很久很久以前，我们周族的先王后稷就建立了邦国，并开始开疆拓土；而公刘则继承并发展了先人的事业。到了太王古公亶父，又开始经营王者大业；而王季更为王者大业付出了辛勤和劳苦。我的先父文王则能够成先王的事业，把天命全部承受下来，安抚四方，治理天下。大国畏惧他的武力，小国感念他的美德，他真是功德无量啊。可是先父在位仅仅九年，统一天下的大业未能完成，我姬发便继承了他的遗志，揭露商王受的罪行，把它禀告给皇天后土，以及我所经过的名山大川。我说：'周族有道的子孙周王姬发，对殷商将有重大的举动。如今，商王受荒淫无道，任意糟蹋万物，残酷虐待百姓，成了天下逃亡罪犯的魁首，并使商地成了这些坏人聚集的巢穴。现在，我姬发已经得到仁人志士的辅佐，所以敢于冒昧地敬承上天的旨意，制止殷商的乱政。华夏各族和四方诸国，无不遵从我的决策。我决心奉行上天的旨意，完成上天赋予我的大命，所以就兴师东征，去安抚那里的男男女女。那里的男男女女用竹筐盛着玄色和黄色丝帛，前来求见我周王。他们都被上天的美意深深打动，因而都来归附我们大周国。诸位神明，我希望你们佑助我，让我去拯救亿万百姓，并使你们的盛灵不再蒙受羞辱！'

到了戊午日，我们的伐商大军渡过孟津。癸亥日，我在商都郊外布好军阵，等候上天下达美命。甲子日黎明时分，商王受带领他那如林的大军，来到牧野与我的大军会战。商王受的军队都不愿意与我的军队对抗，结果，先头部队纷纷临阵倒戈，掉头去攻击他的后续部队，商军因而惨遭失败，血流成河，血水使丢弃的兵器都漂起来了。

一举击败殷商，天下完全安定下来之后，我便废止了商王受所施行的暴政，恢复了商代先王原先的善政。释放了被囚禁的箕子，修整了比干的坟墓，敬拜了商容的故居；还散发了鹿台囤积的财货，发放了钜桥贮藏的米粟，大赏四海百姓，使得万民对我们大周国都心悦诚服。"

周武王统治天下之后，采取了以下措施：设立爵位，共列五级；划地分封，共分三等；选任官长唯贤是举，安排众吏唯能是用；治国注重百姓的五常之教，以及民食、丧礼、祭祀三件大事；并能忠厚诚信，显扬道义，尊崇有德的人，报答有功的人。由于武王治国有方，天下在垂衣拱手之间就实现了大治。

洪 范①

原 文

武王胜殷，杀受，立武庚，以箕子归，作《洪范》。

惟十有三祀②，王访于箕子③。王乃言曰："呜呼！箕子，惟天阴骘④下民，相协厥居⑤，我不知其彝伦攸叙⑥。"

　　箕子乃言曰："我闻在昔，鲧陻洪水⑦，汩陈其五行⑧。帝⑨乃震怒，不畀洪范九畴⑩，彝伦攸斁⑪。鲧则殛⑫死，禹乃嗣⑬兴。天乃锡⑭禹洪范九畴，彝伦攸叙。"

注释

①洪范：洪，大；范，法。洪范，就是大法的意思。

②惟十有三祀：惟，发语词。有，又。祀，年。

③箕子：殷商的遗老，商纣王的叔父和大臣。

④阴骘（zhì）：庇荫安定。

⑤相协厥居：相，助。协，和。

⑥彝伦攸叙：彝伦，常理。攸，所。叙，顺序。

⑦鲧陻洪水：鲧（gǔn），人名，相传为大禹的父亲。陻（yīn），堵塞。

⑧汩陈五行：汩（gǔ），乱。陈，列。五行，指水火金木土五种常用的物质。

⑨帝：指上帝。

⑩不畀洪范九畴：畀（bǐ），给予。九畴，九类，即下文所说的九条治国大法。

⑪斁（dù）：败坏。

⑫殛：诛。

⑬嗣：继承。

⑭锡：通"赐"，给予。

武王战胜商后，杀死商王受，把他的儿子武庚封为殷君，然后带着箕子返回京城，向他询问治国的方略。史官记录此事，撰写了《洪范》。

周文王建立周国后的第十三年，周武王访问箕子。武王说道："唉！箕子，上帝庇荫安定下民，帮助他们和睦相处，我却不知道上天用来安定人民的常理次序。"

箕子回答说："我听说从前鲧堵塞洪水，打乱了五行的秩序，上帝于是大为震怒，不赐给鲧九种治国大法，治国的常道由此败坏。鲧受到惩罚而死，禹就继承了他父亲的事业而兴起。天帝于是赐给禹九种大法，治国常道因此有了次序。"

原　文

"初一曰五行，次二曰敬①用五事，次三曰农②用八政，次四曰协③用五纪，次五曰建用皇极④，次六曰钧⑤用三德，次七曰明用稽⑥疑，次八曰念用庶征⑦，次九曰向用五福⑧，威^⑨用六极。"

注 释

①敬：恭敬。

②农：勉，努力的意思。

③协：合。

④建用皇极：建，建立。皇，君王。极，标准、准则。

⑤钧：治理。

⑥稽：考查。

⑦念用庶征：念，思考、考虑。庶，众多。征，征兆。

⑧向用五福：向，劝导。五福，五种幸福的事。

⑨威：《史记》作"畏"，畏惧的意思。

译 文

"第一条是五行；第二条是恭敬地做好五事；第三条是
努力办好八种政务；第四条是合用好五种记时方法；第五条
是建立好君王统治的准则；第六条是治理使用好三种品德的
人；第七条是明确使用好决断疑难问题的方法；第八条是用
心考查各种征兆；第九条是用五种幸福的事劝导臣民，用六
种不幸的事惩戒臣民，使他们感到畏惧。"

原文

"一、五行：一曰水，二曰火，三曰木，四曰金，五曰土。水曰润下，火曰炎上，木曰曲直，金曰从革①，土爰稼穑②。润下作咸，炎上作苦，曲直作酸，从革作辛，稼穑作甘。

"二、五事：一曰貌，二曰言，三曰视，四曰听，五曰思。貌曰恭，言曰从，视曰明，听曰聪，思曰睿③。恭作肃，从作乂，明作哲④，聪作谋，睿作圣。

"三、八政：一曰食，二曰货，三曰祀，四曰司空⑤，五曰司徒⑥，六曰司寇⑦，七曰宾⑧，八曰师⑨。

"四、五纪：一曰岁，二曰月，三曰日，四曰星辰，五曰历数。"

注释

①从：顺。革：变革。

②爰：《史记》作曰，读音相近，借用。稼穑：指百谷，庄稼。

③睿（ruì）：通达。

④哲：有智慧。在此引申为不受蒙蔽。

⑤司空：掌管工程的官。

⑥司徒：掌管国家土地和人民的官。

⑦司寇：掌理刑狱、纠察等事的官。

⑧宾：掌管诸侯朝觐的官。

⑨师：掌管军事的官。

译文

"一、五行：一是水，二是火，三是木，四是金，五是土。水是向下润湿，火是向上燃烧，木是能弯曲、伸直，金可以顺从人意改变形状，土壤可以种植百谷。润下的水产生咸味，炎上的火产生苦味，可曲直的木产生酸味，顺从人意而变形的金产生辣味，种植百谷的土产生甜味。

"二、五事：一是仪容，二是语言，三是观察，四是听闻，五是思考。仪容要恭敬，言论要顺乎道理，观察要明白，听闻要广远，思考要通达。仪容恭敬就能严肃，言论顺乎道理就能治理，观察明白不会受蒙蔽，听闻广远就能善谋，考虑问题通达就可以成为圣人。

"三、八项政务：一是管理粮食，二是管理财货，三是管理祭祀，四是管理工程，五是管理土地，六是管理司法，七是管理朝觐、接待宾客，八是管理军事。

"四、五种纪时方法：一是年，二是月，三是日，四是星辰，五是历法。

原 文

"五、皇极,皇建其有极①。敛时五福②,用敷锡厥庶民③,惟时厥庶民于汝极④。锡汝保极⑤:凡厥庶民,无有淫朋⑥,人无有比德⑦,惟皇作极。凡厥庶民,有猷有为有守⑧,汝则念之⑨。不协于极,不罹于咎⑩,皇则受之⑪。而康而色⑫,曰:'予攸好德⑬。'汝则锡之福。时人斯其惟皇之极⑭。无虐茕独而畏高明⑮,人之有能有为,使羞其行⑯,而邦其昌。凡厥正人⑰,既富方谷⑱,汝弗能使有好于而家⑲,时人斯其辜⑳。于其无好德,汝虽锡之福,其作汝用咎㉑。无偏无陂㉒,遵王之义㉓;无有作好㉔,遵王之道;无有作恶,遵王之路。无偏无党,王道荡荡㉕;无党无偏,王道平平㉖;无反无侧㉗,王道正直。会其有极㉘,归其有极。曰㉙:皇极之敷言㉚,是彝是训㉛,于帝其训㉜。凡厥庶民,极之敷言,是训是行㉝,以近天子之光㉞。曰:天子作民父母,以为天下王。

注 释

①皇:君王。建:建立政事。极:法则。

②敛:聚集。时:这。五福:指寿、富、康宁、攸好德、考终命,详见下文。

③敷:普遍。锡:通"赐"。

④惟：考虑。时：善，正确。

⑤保：维护，遵守。

⑥淫朋：邪恶朋党。

⑦比德：阿谀品行。

⑧猷：谋略。为：作为。守：操守。

⑨念：记住。

⑩雁（lì）：陷。咎：罪恶。

⑪受：指宽恕。

⑫而：假如。康而色：指和颜悦色。

⑬攸：指遵行。

⑭斯：就。其：得。

⑮茕（qióng）独：指孤独没有依靠的人。高明：指世族显贵。

⑯羞：进献。行：品行与才能。

⑰正人：做官的人。

⑱方谷：常禄。

⑲好：善行。而家：你的家园。

⑳辜：罪过，指怀怨。

㉑作：为，指还报。咎：恶行。

㉒陂：当作"颇"，偏差。

㉓义：法则。

㉔好（hào）：私好。

㉕荡荡：宽广。

㉖平平：平整。

㉗反：违逆。侧：倾侧，违法。

㉘会：聚集。

㉙曰：句首语，无实义。

㉚敷言：宣布的言论。

㉛彝：常理。训：教导。

㉜训：顺。

㉝训：遵从。行：执行。

㉞光：道德之光。

译 文

"五、最高准则，君王建立国政要有法则。掌握五种福气，用来广泛地赏赐臣民，同时考虑让臣民对你的法则有正确的认识，献出你维护法则的具体做法：凡是臣民，不要营结邪党，百官不要有阿谀的品行，只把君王当作榜样。凡是臣民，如果他们有谋略，有作为，有操守，你就要记住他们。对于那些行为不合法则，但还没有陷入罪恶的人，君王你就要宽恕他们。假如有人和颜悦色，说：'我遵行美德。'你就要赐福给他。这样，人们就将接受君王的准则。不要虐待孤独没有依靠的人，也不要畏惧世族显贵，人如果有能耐有作为，就让他进献他的才干与品行，你的国家就会昌盛。凡是做官的人，既然已经让他们长享厚禄，你如果不能使他们对你的国家有好处，那么臣民就将责怪你了。对于那些没有好德行的人，你即使赐福给他们，他们也只会用罪行来回报你的赐福。不要偏邪，要遵守君王准则；不要兴起私人爱好，要遵守王道；不要逞威作恶；要遵守君王正路。不要偏邪结党，王道宽广；不要结党营私，王道平整；不要逆行违法，王道正直。会集那些坚守准则的臣下，归顺那些有准则的君王。总之，君王准则所宣示的内容，这些常理这些教令，都顺乎天意。所有臣民，要把君王的法令当作行为准则，要遵守，要执行，从而靠近天子的道德光辉。总之，天子对于民众负有父母养育子女一样的职责，要用最高准则来治理统率天下百姓。"

原　文

六、三德：一曰正直，二曰刚克①，三曰柔克②。平康正直③，强弗友刚克④，燮友柔克⑤。沉潜刚克⑥，高明柔克⑦。惟辟作福⑧，惟辟作威，惟辟玉食⑨。臣无有作福作威玉食，臣之有作福作威玉食，其害于而家⑩，凶于而国。人用侧颇僻⑪，民用僭忒⑫。

注　释

①刚克：刚胜，指刚毅。

②柔克：柔胜，指柔顺。

③平康：平正安康。

④强：强横。弗友：不亲近。刚克：以刚战胜（他）。

⑤燮（xiè）：温和。

⑥沉潜：指行为隐僻不服王法的人。

⑦高明：指性情高洁明于事理的人。

⑧惟：只有。辟：天子。

⑨玉食：美食。

⑩其：将。而：你的。

⑪人：指官吏。用：因此。侧：倾侧不正。颇：不正。僻：邪僻。

⑫僭（jiàn）：不守本分。忒（tè）：邪恶。

译　文

六、三种德行：一是正直，二是刚毅，三是柔顺。对于平定安康的人，就使用正直的态度任其自由。对于强横不友好的人，就用刚毅的态度制服他。对于温和友善的人，就用柔和的态度对待他。对于行为隐僻不服王法的人要用刚毅抑制他，对于性情高洁明于事理的人要用柔和来管理。只有天子才能赐人以福，只有天子才能给人处罚，只有天子才能美食。臣民不能作福、作威、美食。如果臣民有人作福、作威、美食，那么将会危害你的王室，会祸害你的国家。百官将会因此邪僻不守正道，百姓也会因此不守本分而产生邪恶的想法。

原文

"七、稽疑：择建立卜筮人，乃命卜筮①：曰雨，曰霁，曰蒙，曰驿，曰克，曰贞，曰悔，凡七。卜五，占用二，衍忒②，立时人作卜筮，三人占，则从二人之言③。汝则有大疑，谋及乃心，谋及卿士，谋及庶人，谋及卜筮。汝则从，龟从，筮从，卿士从，庶民从，是之谓大同。身其康强，子孙其逢吉。汝则从，龟从，筮从，卿士逆，庶民逆，吉。卿士从，龟从，筮从，汝则逆，庶民逆，吉。庶民从，龟从，筮从，汝则逆，卿士逆，吉。汝则从，龟从，筮逆，卿士逆，庶民逆，作内吉，作外凶。龟、筮共违于人，用静吉，用作凶④。"

注释

①稽：卜以问疑。问龟曰卜；问蓍曰筮。一般殷人多用

周书

龟甲兽骨来占卜，周人多用蓍草来筮卦。稽疑：用卜筮决定把握不准的事情。卜筮人：占卜的贞人，算卦的筮人。命：教也。

②雨、济、蒙、驿、克均为龟兆之形。驿：一作圛，郑注曰："气不释，郁"衍忒：忒一作贰衍：演也。贰：通变。

③立时人：即立能通演变的人担任占卜算卦者。三人占，则从二人之言。

④作：动。龟筮共违于人，用静吉，用作凶。

译　文

"七（第七畴）、用卜筮决断疑问，选择确定占卜筮卦的人，教化他们占卜筮卦：卜筮的征兆有的为雨，像下雨；有的为霁，像雨后天上的云气；有的为蒙，像雾气；有的为驿，像聚散飘忽若有若无的云气；有的为克，像二兆相侵；有的为贞，内卦；有的为悔，外卦；凡此七种。前五种是卜龟甲的兆象，后两种是用筮蓍草的卦象，由此推演变化。确定能推衍变化的人进行卜筮，三个人分别占卜，就应信从两个人的说法。你如果有重大的问题、疑问，自己反复考虑，和卿士商量，和庶民商量，问及卜筮。你如果赞同，龟卜赞同，筮卦赞同，卿士赞同，庶民赞同，这就叫做大同。这样，自己的身体会健康强壮，子孙后代会兴旺大吉。你自己如果赞同，龟卜赞同，筮卦赞同，卿士反对，庶民反对，也算吉祥。卿士赞同，龟卜赞同，筮卦赞同，你自己却反对，庶民反对，也算吉祥。庶民赞同，龟卜赞同，筮卦赞同，你自己却反对，卿士反对，也算吉祥。你自己如果赞同，龟卜赞同，筮卦反对，卿士反对，庶民反对，作国内事吉祥，作国外事就有凶祸。龟卜筮卦都不合人意，那么，采取安静策略就吉祥，有所举动就有凶祸。"

原　文

"八、庶征①：曰雨、曰旸、曰燠，曰寒，曰风②。曰时五者来备，各以其叙，庶草蕃庑③。一极备，凶；一极无，凶④。

"曰休征⑤：曰肃，时雨若⑥；曰乂，时旸若⑦；曰晢，时燠若⑧；曰谋，时寒若⑨；曰圣，时风若⑩。

"曰咎征⑪：曰狂，恒雨若⑫；曰僭，恒旸若⑬；曰豫，恒燠若⑭；曰急，恒寒若；曰蒙，恒风若⑮。

"曰王省惟岁，卿士惟月⑯，师尹惟日⑰。岁月、日时无易⑱，百谷用成，乂用明⑲，俊民用章⑳，家用平康㉑。日、月、岁时既易，百谷用不成，乂用昏不明，俊民用微，家用不宁㉒。庶民惟星，星有好风，星有好雨。日月之行，则有冬有夏。月之从星，则以风雨㉓。"

注释

①庶：众。征，验。

②曰：为。以下皆同。旸：日出、晴天，与雨相对。燠（yù 玉）：暖、炎热，与寒相对。

③时：是，指示代词，指上述五种现象。各以其叙：各顺其叙，犹今言风调雨顺。庶：多。蕃：生长茂盛。庞：同芜，丰。

④一：指上述五种现象中的一种。极：过甚。

⑤休：美好、善行。征：征兆。

⑥肃：敬。

⑦钧：治。

⑧哲：明。

⑨谋：考虑问题。

⑩圣：通达事理。

⑪曰咎征：恶行的征兆。

⑫狂：狂妄、倨慢。恒：一直、长久。

⑬僭：差错。

⑭豫：安逸。

⑮蒙：暗。

⑯省：察也。

⑰师尹惟日：师，众。尹：正。师尹：卿士下面的众官。

⑱易：变，异常。无易：没有发生异常的变化。

⑲用：因。

⑳俊民：有才能的人。章：明、显，提拔任用的意思。

㉑家：指王室。康：安。

㉒微：隐。

㉓庶民惟星七句：此谓庶民如星，星好风雨，比喻庶民如星辰附依于天一样依附于君王，需要天（君王）的风雨润泽。

 译 文

"八（第八畴）、众多征兆：为雨，为晴，为热，为寒，为风。一年中这五种现象各根据时序出现，就风调雨顺，百草生长茂盛。这五种现象中的任何一种过多，即为凶灾；任何一种现象太少，也是凶灾。

"众多美好的征兆：为肃，君王恭敬，雨水适时降落；为钧，君王修治，天气适时阳光充足；为哲，君王明哲，气候适时温暖；为谋，君王深谋远虑，天气适时寒冷；为圣，君王通达事理，天气适时刮风。

"众多恶劣的征兆：为狂，君王行为狂妄，天一直降雨；为僭，君王出现差错，天气久旱不雨；为豫，君王贪图安逸，天气炎热不消；为急，君王急躁，天气就寒冷不退；为蒙，君王昏暗，天就大风不停。

"君王视察政事得失，就像岁包括四时；卿士视察政事得失，就像月统于岁；百官视察政事得失，就像日统于月。岁、月、日适时变化，没有异常，庄稼便成熟丰收，政事治理清明，贤能之人提拔任用，国家因此太平安康。岁、月、日发生异常变化，庄稼不能成熟丰收，政治昏暗，贤能的人埋没得不到任用，国家因此不得安宁。民众像星辰依附围绕君王，他们需要君王的风雨润泽。日月按规律运行，就产生了冬夏两季。民众像星星的运行一样，要依附顺从于月亮，这样就会用君王的风雨润泽他们。"

原文

"九、五福①：一曰寿，二曰富，三曰康宁，四曰攸好德，五曰考终命②。六极③：一曰凶短折，二曰疾，三曰忧，四曰贫，五曰恶，六曰弱④。"

注释

①五福：五种福禄。

②攸：语助。好：喜好。考：老。终命：善终、寿终正寝。

③极：惩罚。

④凶短折：早死。